职业院校外语类专业高职毕业生社会需求与培养质量跟踪评价报告

（2020—2023）

主编 / 常红梅

北京语言大学出版社
BEIJING LANGUAGE AND CULTURE UNIVERSITY PRESS

U0961977

社图号24207

图书在版编目（CIP）数据

职业院校外语类专业高职毕业生社会需求与培养质量跟踪评价报告. 2020—2023 / 常红梅主编. — 北京：北京语言大学出版社，2024.12. — ISBN 978-7-5619-6683-9

Ⅰ. G718.5

中国国家版本馆CIP数据核字第2024P7N868号

职业院校外语类专业高职毕业生社会需求与培养质量跟踪评价报告（2020—2023）

ZHIYE YUANXIAO WAIYULEI ZHUANYE GAOZHI BIYESHENG SHEHUI XUQIU YU PEIYANG ZHILIANG GENGZONG PINGJIA BAOGAO (2020—2023)

排版制作：北京创艺涵文化发展有限公司
责任印制：周 燚

出版发行：北京语言大学出版社
社　　址：北京市海淀区学院路15号，100083
网　　址：www.blcup.com
电子信箱：service@blcup.com
电　　话：编辑部 8610-82303415
　　　　　国内发行 8610-82303650/3591/3648
　　　　　海外发行 8610-82303365/3080/3668
　　　　　北语书店 8610-82303653
　　　　　网购咨询 8610-82303908
印　　刷：北京市金木堂数码科技有限公司

版　　次：2024年12月第1版　　印　　次：2024年12月第1次印刷
开　　本：889毫米 × 1194毫米 1/16　　印　　张：10.25
字　　数：195千字　　定　　价：89.00元

PRINTED IN CHINA

凡有印装质量问题，本社负责调换。售后 QQ 号 1367565611，电话 010-82303590

职业院校外语类专业高职毕业生社会需求与培养质量跟踪评价报告（2020—2023）

策划 常红梅

成员 江 波 老 青 刘杰英 闫国华 吴 赟 武春平 曾用强 凌双英 李冬梅 王月会 邵红万 吴 寒 盛湘君 王朝晖 李晓红 周雪峰 钱允凤 申延子 邵 红 赵 雯

编写团队

主编 常红梅

编者 老 青 张 颖 朴美玉 林 毅 高新宁 张 有 刘素琴

麦可思团队

项目负责人 郑 伟 范 蓓

分析与撰写 刘九坤 王昕伦

前言

为不断深化职业教育外语教学改革，持续提升高职外语教育教学质量，完善并优化毕业生跟踪反馈机制及社会评价机制的顶层设计，教育部职业院校外语类专业教学指导委员会（以下简称“外语教指委”）持续与麦可思数据有限公司（MyCOS）合作，不断开展对高职外语类专业毕业生社会需求与培养质量的跟踪评价，完成了《职业院校外语类专业高职毕业生社会需求与培养质量跟踪评价报告（2020—2023）》（以下简称“报告”）。

“报告”结合《普通高等学校高等职业教育（专科）专业目录（2015 年）》，对照《国家职业教育改革实施方案》等相关文件，以 2019 届、2020 届和 2021 届高职外语类专业毕业生为主要调查对象，聚焦就业质量与发展、培养目标达成、毕业要求达成、教学培养质量和在校反馈等关键要素，为切实提高高职外语教学质量，增强职业院校外语类专业的适应性和吸引力，培养更多高素质技术技能人才提供了重要参考。

“报告”首次涵盖了对高职院校非英语类专业毕业生的跟踪调查数据，并重点关注了招生规模较大的西班牙语、俄语、日语等专业，为助推“响应‘一带一路’建设的非通用语种国际语言服务”项目的高标准组织与高质量实施提供了重要支撑。

“报告”包括四个部分：职业教育人才培养与就业指导性文件概述、高职外语类专业毕业生培养质量报告、高职院校外语专业类人才培养成效与特色典型案例，以及相关附录。

“报告”由常红梅教授主编，并获得了北京联合大学支持外语教指委配套专项经费的资助。在外语教指委专家编委会的指导下，在麦可思数据有限公司（MyCOS）和北京语言大学出版社的长期鼎力协助下，在高职院校外语专家和一线教师的积极帮助下，编写组立足人才培养质量核心指数，认真完成了高职外语类专业毕业生关键数据的搜集、整理、分析和报告的审校、统稿等工作，并依照《关于深化现代职业教育体系建设改革的意见》等相关文件，着重增补了西班牙语、俄语和日语等部分语种专业四届毕业生（2020～2023届）的问卷调查数据，形成了最新分析报告。同时，为方便示范交流和相互学习，“报告”在展示2022年职业教育国家级教学成果奖外语类代表性获奖成果案例（“服务‘一带一路’建设的‘外语+’高职多语种人才培养模式的探索与实践”，第一完成人：常红梅）的基础上，参考了近三年有良好反馈的第三方社会评价机构已发布的专业建设与发展质量相关信息，有针对性地组织、征集并丰富了应用西班牙语、俄语、日语等语种专业的典型案例。在此向提供支持和帮助的行业企业、院校专家以及同人表示衷心的感谢。

因编者水平有限，“报告”中难免有不当或疏漏之处，恳请各位专家、同人批评指正。

教育部职业院校外语类专业教学指导委员会常务副主任兼秘书长 常红梅

2024年9月

目录

附录

后记

第一部分

职业教育人才培养与就业指导性文件概述

职业教育作为我国现代国民教育体系和人力资源开发的重要组成部分，是培养高素质技能人才、能工巧匠、大国工匠的基础性工程，也是促进经济社会发展和提高国家竞争力不可或缺的重要支撑，在我国大力推进的科教兴国战略和人才强国战略中占有重要地位。2019 年，国务院印发《国家职业教育改革实施方案》，明确指出：“职业教育与普通教育是两种不同教育类型，具有同等重要地位。”进入新时代以来，我国出台了一系列支持政策，促使高等职业教育完成了从无到有、从层次教育到类型教育的巨大变革。

一、新时代就业政策概述

自党的十八大以来，中国特色社会主义进入了新时代。以习近平同志为核心的党中央高度重视就业问题，继续坚持市场导向的就业公共服务政策改革，并始终将促进就业置于优先位置。就业是最基本的民生，也是增进民生福祉的重要内容。鉴于形势的变化，就业问题已被提升至国家战略高度。从就业制度保障、就业群体、新就业形态等多方面，需要协同考虑、探索和强化就业优先路径。

新冠疫情对就业市场造成了前所未有的冲击，对职业院校毕业生、企业和社会公众产生了深远影响。在此背景下，党和国家审时度势，在 2020 年和 2021 年的《政府工作报告》中均强调，高质量发展离不开就业优先战略的贯彻落实。国家通过贷款贴息、就业津贴等多项措施，落实“就业优先”政策，帮助受疫情影响的职业院校毕业生渡过难关。

2021 年发布的《“十四五”就业促进规划》与《“十四五”职业技能培训规划》都明确

指出，要以高校毕业生和城镇青年、退役军人、农村转移就业劳动者、脱贫人口等为重点，以企业自主培训、市场化培训为主要供给，以政府补贴培训为有益补充，以行业企业、公共实训基地、普通高校、职业院校、职业技能培训机构等为主要载体，以就业技能培训、岗位技能提升培训和创业培训为主要形式，开展大规模职业技能培训。推动培训与就业更加紧密衔接，形成个人投入、企业支持、政府补贴共同投入的机制，鼓励社会资本投入，形成职业技能培训多元供给体系，推动职业技能培训高质量发展，不断提升劳动者就业创业能力，缓解结构性就业矛盾，促进高质量充分就业。

2022 年，我国人口总量自 1962 年以来首次出现负增长。综合国家统计局历年发布的数据，自 2012 年以来，我国劳动年龄人口每年减少约 300 万人，这一趋势预计将持续到 2035 年前后。面对新形势，党的二十大报告提出了“促进高质量充分就业”的目标，要求通过调整促进就业的政策，在已经基本实现比较充分就业的基础上，除了继续促进劳动力向发展潜力大的服务业、新产业、新职业转移，提高劳动力市场的灵活性，鼓励新就业形态发展之外，还要从劳动力的供给端发力，改善终身职业技能培训制度和调节劳动力供给，不断开发和优化人力资源及其结构，实现高质量充分就业，更好地支撑实体经济发展，稳定劳动参与率，提高全要素生产率。

二、新时代高职就业政策概述

职业院校是实践职业教育理念的主要场所，职业教育的双重属性决定了职业院校在人才培养中要兼顾“职业”与“教育”。在我国高等职业教育发展历程中，高职毕业生的就业问题始终是一个焦点，这是由职业教育的本质属性与功能定位所决定的。从政策文件的具体内容看，就业导向始终是我国高职教育不同发展阶段的基调。

2014 年以来，我国高等职业教育就业政策以就业优先为指导，大致经历了以下三个发展阶段：（1）以促进就业为导向：培养高素质技能人才；（2）以促进就业和适应产业发展需求为导向：培养高素质技术技能人才；（3）以促进新质生产力发展为导向：促进高质量充分就业。

2019 年，国务院印发了《国家职业教育改革实施方案》（简称“职教 20 条”），强调以“促进就业和适应产业发展需求为导向”，培养高素质劳动者和技术技能人才。同时，通过推动普通本科高校向应用型转变、开展本科层次职业教育试点，畅通人才成长渠道，开启了职业教育发展的新阶段。

2020 年，《职业教育提质培优行动计划（2020—2023 年）》提出了“服务高质量发展、促进高水平就业”的办学方向。

2020 年至 2021 年，我国职业教育进入了新的发展阶段。从顶层设计推动职业教育变革，职教 20 条和《职业教育法》明确了职业教育的类型特色后，服务于就业的各种举措也随之推出，包括产教融合、校企合作育人、1+X 证书制度、发布《国家职业资格目录》、向社会主体放权职业技能评价资质等。

2022 年 5 月 1 日，新修订并施行的《中华人民共和国职业教育法》强调面向市场、面向实践、面向人人，指出职业教育质量评价应突出就业导向性，将受教育者的职业道德、技术技能水平、就业质量作为重要指标，引导职业学校培养高素质技术技能人才。该法还规定，职业学校学生在升学、就业、职业发展等方面与同层次普通学校学生享有平等机会。同年 12 月，国务院发布了《关于深化现代职业教育体系建设改革的意见》，提出坚持以教促产、以产助教、产教融合、产学合作，延伸教育链、服务产业链、支撑供应链、打造人才链、提升价值链。该意见明确指出，职业教育要服务于学生全面发展和经济社会发展，强调人才培养，也更加注重学生个体的全面发展。同期，职业教育界也明确了要办好类型教育的发展方向，强调以促进就业和适应产业发展为导向，培养高素质技术技能人才，进一步完善高层次应用型人才培养体系。

2023 年 9 月，为充分释放就业潜力，促进高质量充分就业，习近平总书记在黑龙江考察调研期间首次提到新质生产力。

2024 年 1 月，全国人力资源社会保障工作会议召开，强调要促进高质量充分就业，确保就业局势总体稳定。同月，在中共中央政治局第十一次集体学习时，习近平总书记强调，要加快发展新质生产力，扎实推进高质量发展。同年 3 月，李强总理在作政府工作报告时，强调要“大力推进现代化产业体系建设，加快发展新质生产力。”同年 5 月，中共中央政治局就促进高质量充分就业进行了第十四次集体学习，习近平总书记主持并发表重要讲话：“促进高质量充分就业，是新时代新征程就业工作的新定位、新使命。”

为发展新质生产力，我国产业结构将持续向高级阶段演进，逐步全面实现工业化、信息化、智能化融合的新型工业化。数字化、智慧化将深度融入生产生活的各个方面。国家大力发展新质生产力也预示着我国产业结构将发生深刻变革，同时也为劳动力市场的高质量就业带来了新的机遇和挑战。

发展新质生产力和实现高质量充分就业是相辅相成、互为依托的。一方面，促进高质量充分就业必须以发展新质生产力为基础。发展新质生产力是推动高质量发展的内在要求和重要着力点。在发展新质生产力的过程中，可以直接或间接创造大量高技术含量、高人力资源附加值的岗位。随着生产效率的提升和市场竞争力的增强，可以更加充分体现劳动者的劳动价值，这是促进高质量充分就业的必要条件。另一方面，高质量充分就业对发展新质生产力也将发挥重要作用。作为新质生产力的关键资源，劳动者自身的职业技能水平将最终决定生产力的水平。让具备高水平职业技能的劳动者实现高质量就业，将推动新质生产力的发展。

发展新质生产力对高素质职业技能人才和职业教育都提出了新要求和新挑战，同时也为职业教育高质量发展带来了新机遇。因此，高等职业教育应准确把握新质生产力提出的新要求，及时做出响应和调整，抓住新机遇，全面提高人才培养目标要求，从培养传统的专业技能型人才，提高为培养具有创新意识、解决问题、团队合作以及可持续发展等能力的复合型高素质技能型人才。为此，国家职业分类大典修订专家委员会编制了《职业信息与教育培训项目（专业）信息对应指引（2023年版）》（以下简称“指引”）。该指引首次实现了职业与专业数据的科学链接，进而促进了教育链、人才链与产业链、创新链的有机衔接，有助于青年认识到职业与专业的内在联系，引导各类教育培训机构主动适应产业发展和劳动力市场的需求变化，树立以就业为导向的办学理念。

职业教育必须与发展新质生产力紧密结合，并通过不断的改革与创新，培养更多适应新质生产力要求的高素质劳动者，持续为新质生产力发展赋能。职业教育的专业也要根据新质生产力发展需求设置，通过不断完善高等职业教育体系和终身职业技能培训体系，配合产业发展升级，稳步推进职业教育专业层次升级，最终实现职业技能人才的高质量充分就业。

三、新时代高职外语专业就业政策概述

2013年，习近平总书记提出了共建“丝绸之路经济带”和“21世纪海上丝绸之路”（简称“一带一路”）的重大倡议，对高等职业教育外语人才培养产生了深远影响。教育部在《高等职业教育创新发展行动计划（2015—2018年）》中提出，全国高职院校要积极配合“一带一路”倡议，加快推进与“一带一路”沿线国家和地区的教育合作、交流，助力国内优质产能“走出去”，主动发掘和服务“走出去”企业的需求，培养具有国际视野、通晓

国际规则的技术技能型人才以适应中国企业海外生产经营需要。

2015 年 3 月，国家发展和改革委员会、外交部、商务部经国务院授权发布了《推动共建丝绸之路经济带和 21 世纪海上丝绸之路的愿景与行动》，明确提出“民心相通是‘一带一路’建设的社会根基”，要“深化沿线国家间人才交流合作”，并提出了“五通”的概念，即政策沟通、设施联通、贸易畅通、资金融通、民心相通。要实现中国与沿线国家和地区之间的“五通”目标，语言互通是基础，职业外语人才正是连接“走出去”企业与“一带一路”沿线国家和地区的重要桥梁。

2020 年 6 月，《教育部等八部门关于加快和扩大新时代教育对外开放的意见》提出，教育对外开放是教育现代化的鲜明特征和重要推动力。要坚持教育对外开放不动摇，主动加强同世界各国的互鉴、互容、互通，形成更全方位、更宽领域、更多层次、更加主动的教育对外开放局面。强调在党委统一领导下，推动政府充分发挥统筹协调作用，把教育对外开放纳入重要议事日程。同时，建立健全多部门协调联动机制，加大保障力度，加强智力支撑，有效防范化解风险，广泛调动社会力量支持教育对外开放工作。

随着“一带一路”倡议的提出，全球经济一体化进程的加快和人类命运共同体的构建，我国高等职业外语教育所起的作用更加突出。培养国际化外语人才以加快推进“一带一路”倡议，为高职外语教学改革指引了新方向，也对高职外语人才培养和高质量就业提出了新要求。高等职业外语教育既与国家经济发展密切相连，又与国家对外开放程度和国际地位紧密相连。做到教随产出、产教同行，培养国际化人才和“走出去”企业急需的技术技能人才，服务国际产能合作和企业国际化战略，加快职业教育与国际接轨，提升我国职业教育品牌竞争力和国际影响力，已经成为我国提高劳动者素质和实现高质量就业的迫切要求。随着中国越来越融入国际市场、制造业升级和出海企业的增加，对高等职业外语教育培养专业复合型、应用型人才的要求也越来越迫切。

我国开设外语专业的高等职业院校纷纷响应“一带一路”倡议，优化人才培养方案，完善教学体系，加强师资队伍建设，积极探索“外语+”人才培养模式，大力建设非通用语专业，构建起“外语＋专业”“专业＋外语”“外语＋外语”等多种创新型高职外语人才培养体系，已取得显著成果。以高职英语专业为例，根据教育部职业院校外语类专业教学指导委员会发布的《英语类高职高专毕业生社会需求与培养质量跟踪评价报告（2017—2019）》，2010 ～ 2018 届高职英语类专业毕业生的 5 项核心指标全部呈现上升趋势，且就业率、就业满意度也高于全国平均水平。[1]

从搜集到的案例看，高职外语专业就业呈现一定的地域性，也反映出不同高职院校的办学特色。

❶ 在江浙沪、广东等民营企业较为发达的地区，毕业生就业多倾向于运用所学的“外语+专业知识和技能”从事国际贸易实务和营销等工作。

❷ 在一些地区，一定比例的毕业生倾向于选择专升本、考研等方式进一步提高学历，所在高职院校如果国际合作水平较高，学生也会选择通过中外合作、自费留学、公费留学、“职普融通”等方式继续深造，再凭借较高学历高质量就业。

❸ 还有一些地区的毕业生会选择考取教师资格证或教师编制等方式，到基层中小学校从事教育工作。

❹ 部分院校办学特色鲜明，开设的职业技能专业较多，外语专业毕业生会运用所学外语知识、交叉学科知识和技能，以及综合素养，从事空乘等相关工作。

❺ 部分开设非通用语专业的院校，往往位于中国与相应国家接壤地区，毕业生倾向于选择响应“一带一路”倡议，从事边贸工作。

1　常红梅．中国职业教育外语教育发展报告（2009—2019）[M]. 北京：高等教育出版社，2020.

第二部分

高职外语类专业毕业生培养质量报告

一、主要结论

1. 培养达成

（1）就业面临多方面挑战，培养目标达成效果有待强化

❶ 高职外语类专业毕业生对口就业比例持续下降。

工作与专业相关度反映了毕业生服务对口领域的情况，是培养目标达成效果的重要体现。高职外语类专业 2019 ～ 2021 届毕业生的工作与专业相关度（分别为 64%、60%、55%）持续下降，近两届均低于全国高职平均水平（均为 63%），专业培养目标实现程度有待提高。究其原因，高职外语类专业毕业生因达不到相关专业工作要求、专业工作岗位招聘少而选择与专业无关工作的比例（分别为 23%、16%）与全国高职（均为 13%）相比，更为突出。

❷ 毕业生求职面临更高学历竞争者的挤压。

曾经，教育领域岗位是高职外语类专业（特别是英语教育专业）毕业生就业的重要选择之一，然而在过去的几年里，应届毕业生在该领域的就业比例持续下降，从 2019 届的 27.1% 下降至 2021 届的 24.3%。2018 届毕业生毕业三年后依然在教育领域工作的比例（29.8%）与自身毕业半年后的相应比例（26.5%）相比，有所上升。其中，学历提升群体在该领域就业的比例高出学历未提升群体 20 个百分点以上。究其原因，小学教师从业门槛逐渐提高，导致高职外语类专业毕业生面临本科或更高学历竞争者挤压的情况增多，应届

毕业生的去向分布也从侧面反映了这一点。

高职外语类专业 2019 ～ 2021 届毕业生毕业半年后的去向落实率（分别为 94.0%、93.1%、93.2%）保持稳定且较高，其中专升本对毕业生去向分流的贡献较大。2021 届专升本比例（28.8%）接近三成，明显高于全国高职（19.3%）。小学教师学历门槛的提升在一定程度上促使更多毕业生选择升学。

❸ 英语独大的局面有待突破。

高职外语类专业毕业生求职时，除来自更高学历求职者的竞争外，同等学历求职者之间的竞争也较为激烈，对于英语类专业更是如此。如图 1 所示，从全国高职院校外语类专业布点情况看，2023 年布点总数为 1195 个，其中英语类专业（包括英语教育、商务英语、应用英语、旅游英语）布点数最多，占比也最高，明显一家独大，很容易造成专业培养同质化以及相关求职领域供大于求的现象。

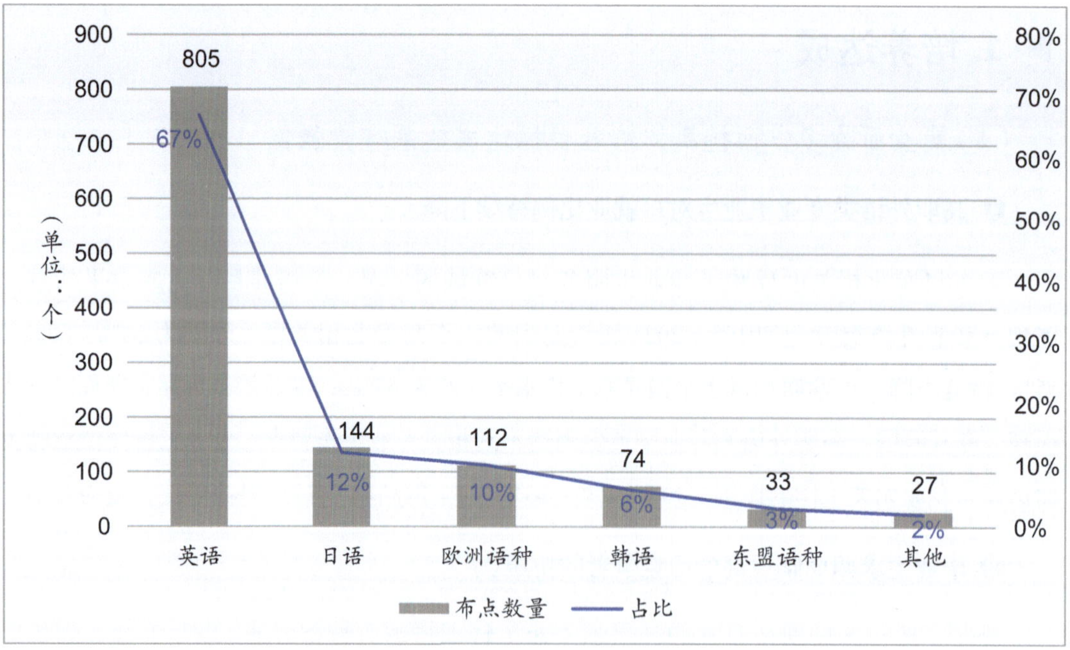

图 1　全国高职外语类专业布点数量与占比统计图

（数据来源：2023 年高等职业教育专科专业设置备案和审批结果）

在外语类专业毕业生最主要的就业方向——外贸领域，自 2020 年起，东盟已连续 4 年保持我国第一大贸易伙伴地位；“一带一路”倡议提出 10 年来，我国与包括东盟在内的“一带一路”共建国家的经贸合作也不断深入。“一带一路”共建国家使用着 50 多种官方语言和近200种其他语言，我国要实现与这些国家在各领域的交流与合作离不开相应外语类专业人才的支撑。在这一背景下，外语类专业的结构与规模有待进一步优化和调整，需要打破英语一家独大的局面。

❹ 人工智能技术发展带来的冲击不容忽视。

伴随着人工智能的快速发展，语音识别、机器翻译等技术在翻译领域的应用越来越广泛，给外语类专业带来的冲击不容忽视。高职外语类专业毕业生从事单纯翻译类工作的比例呈现下降趋势（2019届4.0%，2021届3.3%），一定程度上也体现了人工智能技术的冲击和影响。如何应对技术发展带来的挑战，不断完善专业培养体系，强化培养目标达成效果，是外语类专业需要重点关注的问题。

（2）毕业生就业与发展质量仍有进一步提升的空间

2019～2021届高职外语类专业毕业生的就业满意度分别为65%、68%和70%。以2021届毕业生为例，相比全国（72%）略有差距，其中因“发展空间不够”而对就业现状不满意的比例（54%）与全国高职（48%）相比更为突出。此外2019～2021届毕业生的离职率（分别为45%、46%、48%）持续高于全国高职同届（分别为42%、41%、42%），就业稳定性相对较差，这不利于毕业生后续中长期的职业发展。此外，毕业生在毕业三年内获得职位晋升的比例为57%，略低于全国高职平均水平（59%）。以上这些都表明，高职外语类专业毕业生的就业与发展质量仍有进一步提升的空间。

▶ 2. 教学反馈

（1）外语类专业课程体系需进一步突出“外语+专业”

核心课程重要度是专业课程体系与相关工作领域需求匹配度的重要体现。高职外语类专业2019～2021届毕业生认为“核心课程重要”的比例分别为90%、89%、88%，呈现略微下降的趋势。从主要专业毕业生对教学的改进需求看，旅游英语、应用英语、商务英语专业毕业生对课程内容方面的改进要求相对较高，2021届三个专业分别有29%、26%、26%的毕业生认为“课程内容不实用或陈旧”，这一比例高于同届外语类专业平均水平（24%）。

随着大量简单、重复、标准化的翻译任务不断被人工智能取代，翻译人员需要面对更加复杂和专业的场景；在“一带一路”建设不断深入、我国与“一带一路”共建国家的贸易规模持续扩大，以及中国制造、中国基建不断“走出去”的背景下，外语类专业需要更加聚焦能源、基建、贸易、旅游等特定专业领域，更加注重培养“语言+专业”的复合型人才，并进一步优化专业课程体系。

（2）外语类专业实践教学环节需重点强化岗位实习

实践“外语+专业”人才培养模式，不仅需要课程体系的优化，更需要实践教学的支撑。高职外语类专业毕业生对实践教学的改进需求较为强烈。2021 届有 59% 的毕业生认为“实习和实践环节不够”，这一比例高于全国同届高职平均水平（55%）。其中，毕业生对毕业岗位实习的满意度（88%）相对较低。实践教学对毕业生职业发展的支撑力度仍然不够。2018 届毕业生中，有 55%的人认为“在校实习实践经历对个人职业发展影响较大”，但这一数值低于全国同届高职平均水平（59%）。相关专业可进一步加强校外实习基地建设，通过搭建行业区域产教融合共同体、国际语言服务特色产业学院等方式，强化“做中学”，以进一步提高学生在特定场景和专业领域使用外语解决实际问题的水平。

（3）外语类专业通识教育需有针对性地强化综合素质方面的培养

除了扎实的专业知识与技能，通识素养在跨国、跨文化交流与合作中的作用也不可替代，“外语+专业”的人才培养模式也需注重对学生该方面的培养。从毕业生的反馈看，认为综合素质类教育对个人职业发展很重要的比例（74%）较高，同时认为这类教育需要加强的比例（79%）也较高，相关专业在培养过程中仍需进一步强化对学生综合素质的提升。

▶ 3. 服务支撑

外语类专业办学基本条件对培养过程的支撑情况较好。校友满意度、校友推荐度是反映毕业生在校学习和生活体验的重要指标之一，能在一定程度上衡量办学基本条件对培养过程的支撑情况。数据显示，2019 ～ 2021 届高职外语类专业毕业生对学校的总体满意度均为 94%，高于全国同届高职平均水平（分别为 91%、92%、93%）；毕业生表示愿意推荐学校给他人就读的比例稳中有升（分别为 67%、68%、69%）。毕业生在校期间的学习、生活体验良好，这也从侧面反映出外语类专业办学基本条件较好地满足了学生的学习需求，为专业培养提供了较好的支撑。

二、主体报告

1. 就业质量与发展

(1)就业率分析

❶ 毕业半年后就业率

毕业半年后：即毕业第二年的 1 月以后。麦可思在此时展开跟踪评价，此时毕业生的就业状况趋于稳定，有工作经历的毕业生也能够相对客观地评估工作对自己知识、能力的要求。

就业率：指已就业人数占毕业生总人数的比例。其中已就业人群分为“从事全职工作”“从事兼职工作”“自主创业”“自由职业”“入伍”和“读本科”6 类。

从事全职工作：每周平均工作 32 小时或更多。

从事兼职工作：每周平均工作 20 到 31 小时。

如图 2 所示，高职外语类专业 2019 ～ 2021 届毕业生毕业半年后的就业率整体保持稳定，且均高于全国同届高职平均水平。

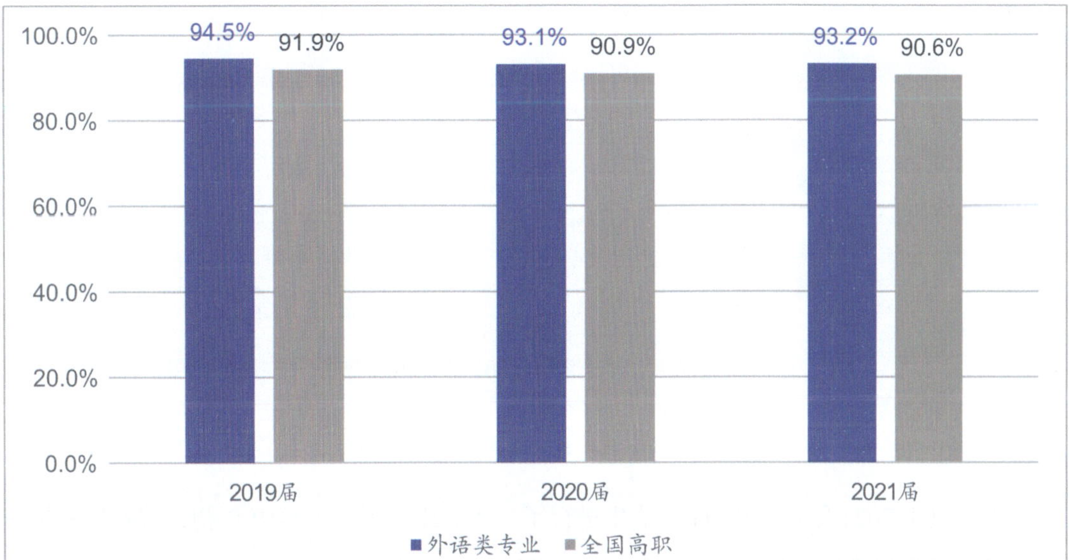

图 2　高职外语类专业 2019 ～ 2021 届和全国同届高职毕业生毕业半年后就业率统计图

❷ 去向分布

高职外语类专业毕业生毕业后以就业为主，同时，升学的分流程度进一步提高。如图3所示，2021届毕业生毕业半年后“从事全职工作”的比例低于2020届和全国同届高职；“读本科”的比例较2020届进一步上升，明显高于全国同届高职。

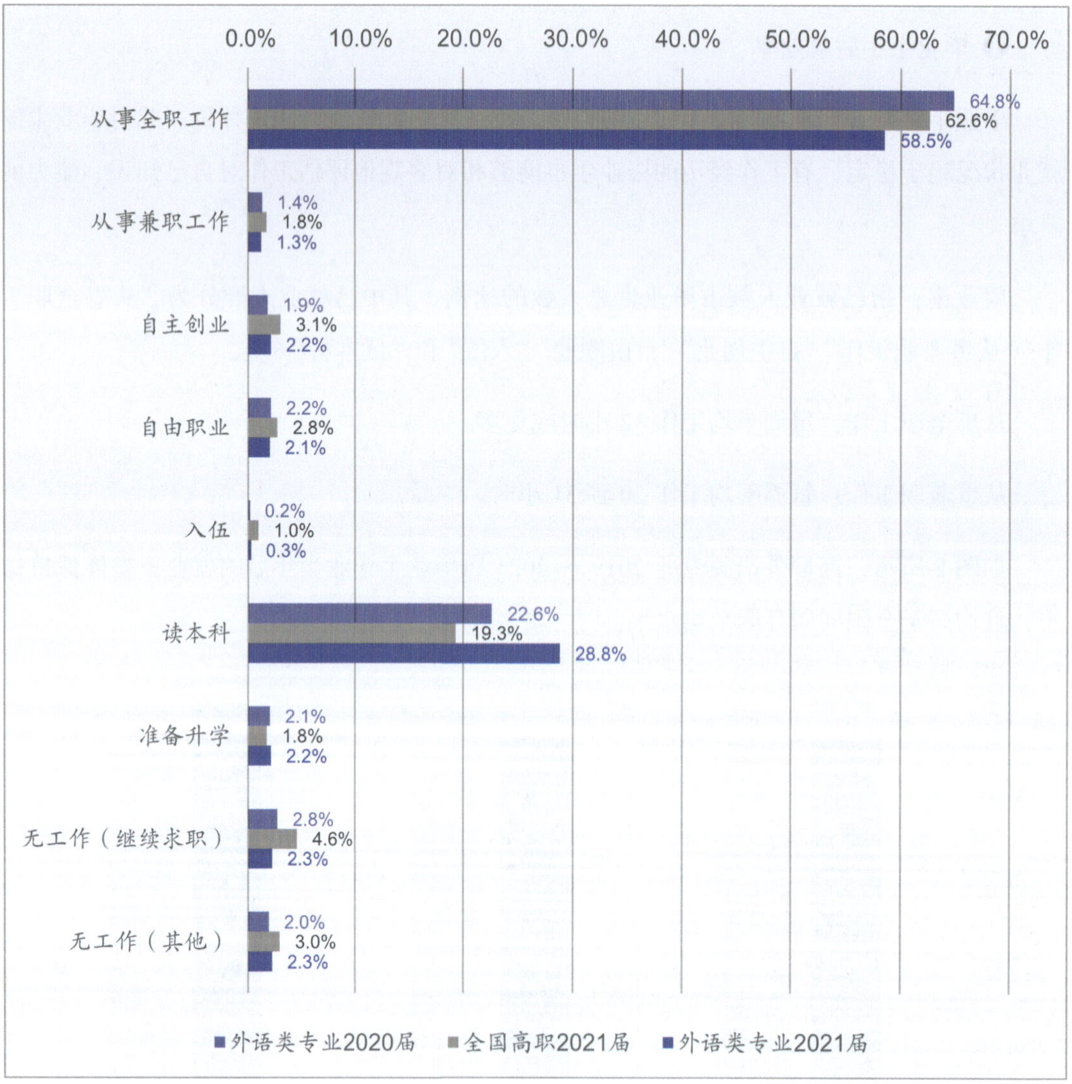

图3　高职外语类专业2020～2021届毕业生和全国高职2021届毕业生毕业半年后去向占比统计图

麦可思于2021年对2018届毕业生进行了三年后跟踪评价（2019年初，曾对同一批毕业生进行过半年后跟踪评价）。通过对同一批毕业生的跨期对比，可以了解他们毕业中期的职业发展情况。如图4所示，2018届毕业生在毕业三年后“从事全职工作”的比例低于全国同届高职，但从事“自由职业”的比例高于全国同届高职。

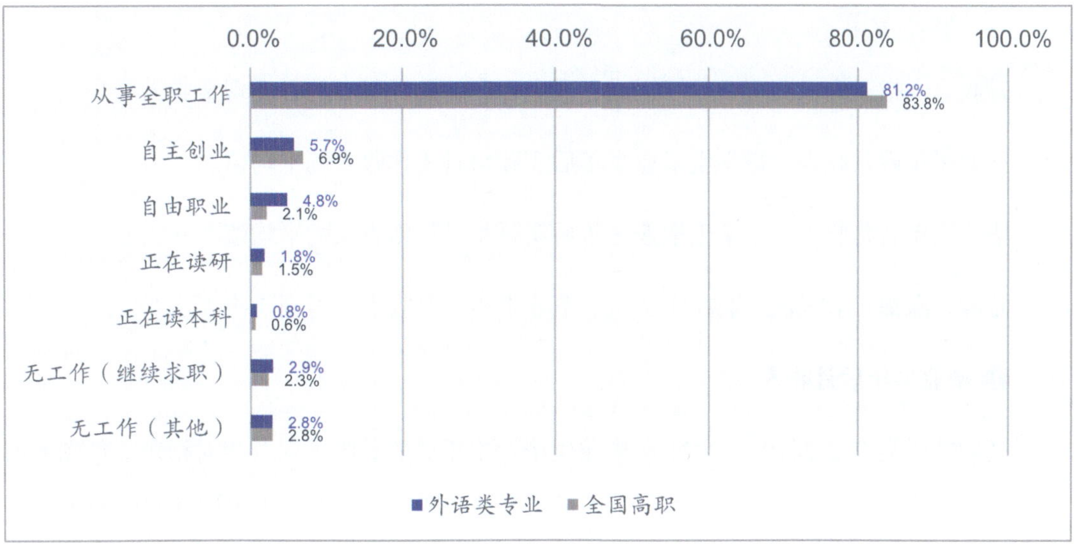

图 4　高职外语类专业 2018 届毕业生和全国同届高职毕业生毕业三年后去向占比统计图

❸ 各专业毕业去向落实率

如图 5 所示，主要外语类专业 2019 ～ 2021 届毕业生的毕业去向落实率普遍高于全国同届高职平均水平。

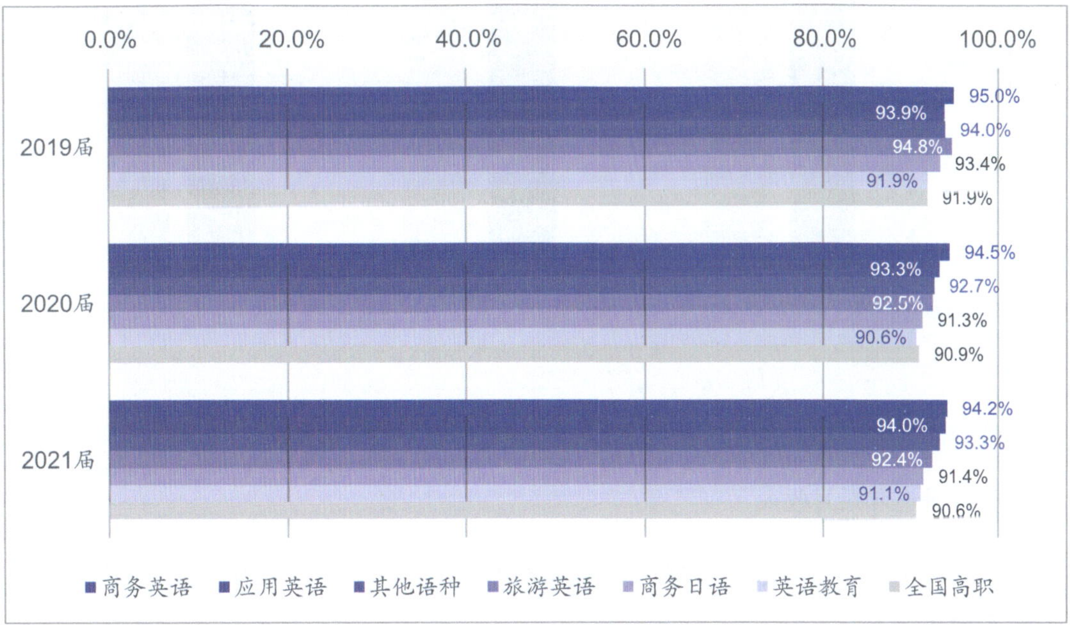

图 5　高职主要外语类专业 2019 ～ 2021 届毕业生和全国同届高职毕业生毕业半年后去向落实率统计图

（注："其他语种"指外语类专业中除英语教育、商务英语、应用英语、旅游英语、商务日语之外的其他所有语种专业，下同。）

（2）收入分析

月收入：指工资、奖金、业绩提成、现金福利补贴等所有的月度现金收入。

毕业半年后月收入：指学生毕业半年后实际每月工作收入的平均值。

毕业三年后月收入：指学生毕业三年后实际每月工作收入的平均值。

月收入涨幅 =（毕业三年后月收入 − 毕业半年后月收入）/ 毕业半年后月收入。

❶ 毕业半年后月收入

高职外语类专业 2019 ～ 2021 届毕业生毕业半年后的月收入保持相对稳定。如图 6 所示，三届毕业生毕业半年后月收入与基本稳定并有小幅上涨，但低于全国同届高职水平。

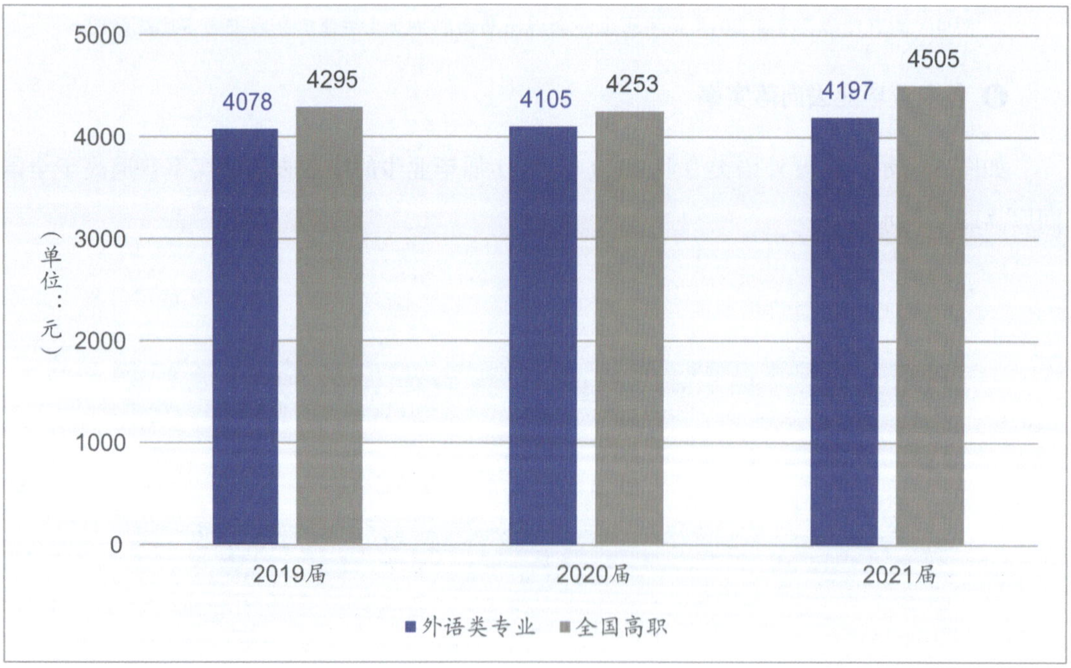

图 6　高职外语类专业 2019 ～ 2021 届毕业生和全国同届高职毕业生毕业半年后月收入统计图

❷ 毕业三年后月收入

如图 7 所示，与毕业半年后相比，高职外语类专业 2018 届毕业生毕业三年后月收入上涨了 62%。

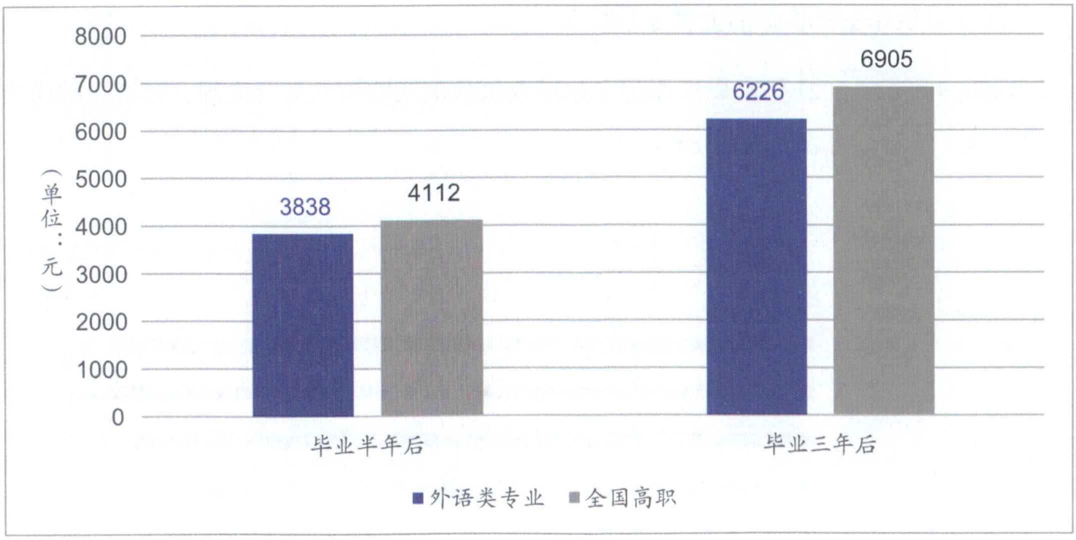

图 7　高职外语类专业 2018 届毕业生与全国同届高职毕业生毕业半年后和三年后月收入统计图

❸ 各专业月收入

如图 8 所示，主要外语类专业 2019 ～ 2021 届毕业生毕业半年后的月收入普遍较为稳定，其中商务日语类专业毕业生的月收入高于全国高职，英语教育专业毕业生的月收入则相对较低。

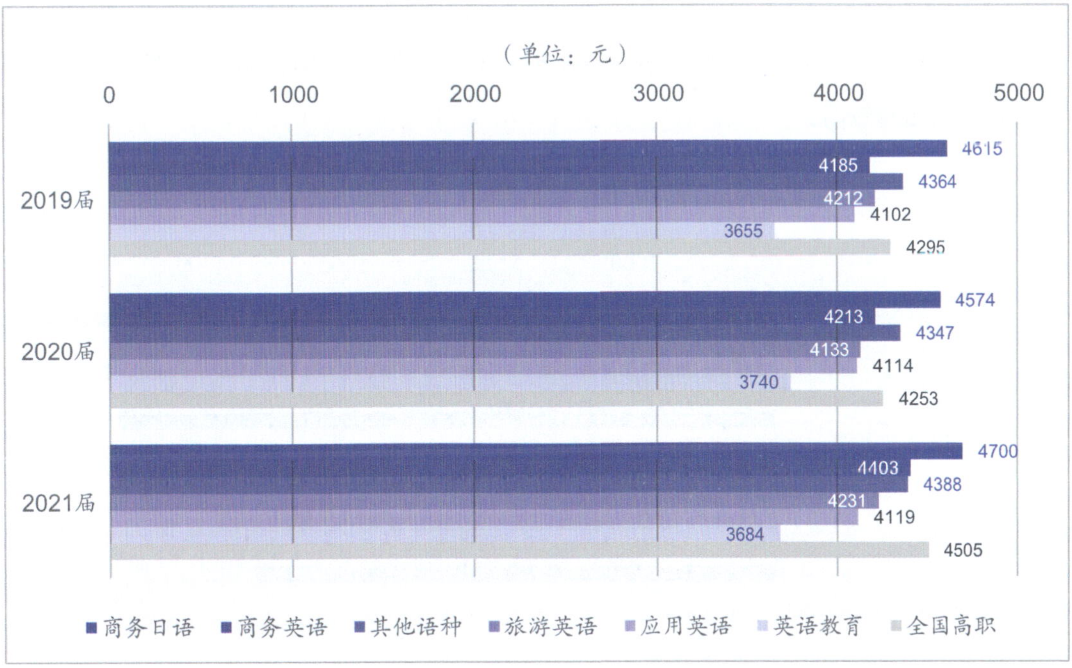

图 8　高职主要外语类专业 2019 ～ 2021 届毕业生和全国同届高职毕业生毕业半年后月收入统计图

❹ 毕业生在主要职业/行业就业月收入

如图 9 所示，2021 届高职外语类专业毕业生从事互联网开发及应用、销售、翻译类工作的人，半年后月收入相对较高。

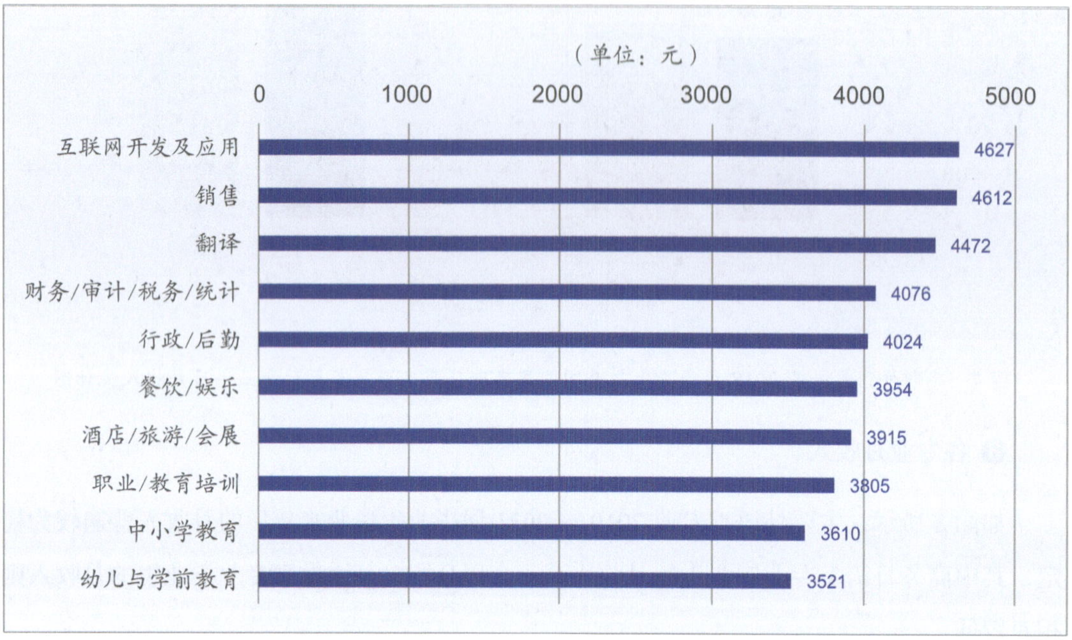

图 9　高职外语类专业 2021 届毕业生毕业半年后不同职业月收入统计图

如图 10 所示，2021 届高职外语类专业毕业生入职文化、体育和娱乐业的人，毕业半年后月收入相对较高。

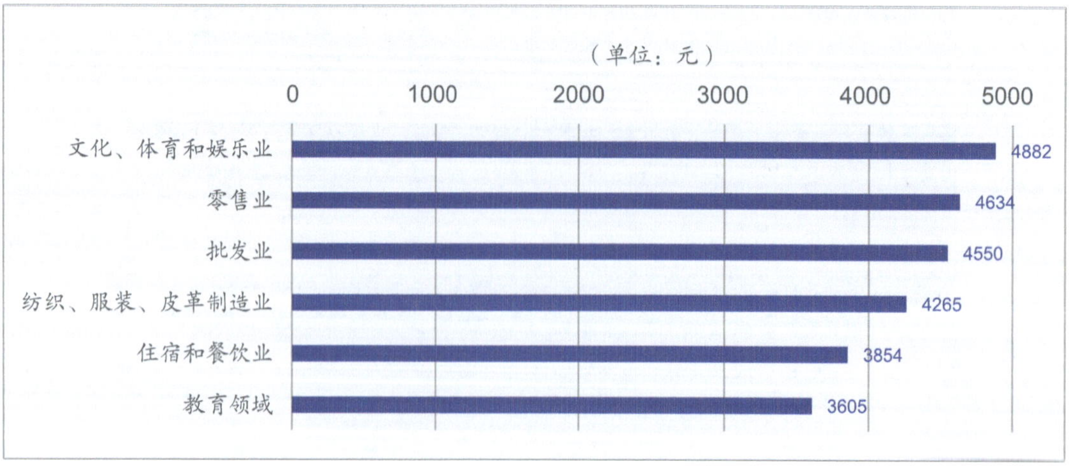

图 10　高职外语类专业 2021 届毕业生毕业半年后不同行业月收入统计图

❺ 毕业生在不同类型及规模用人单位就业月收入

如图 11 所示，2021 届高职外语类专业毕业生入职中外合资 / 外资 / 独资企业的人，毕业半年后月收入相对较高。

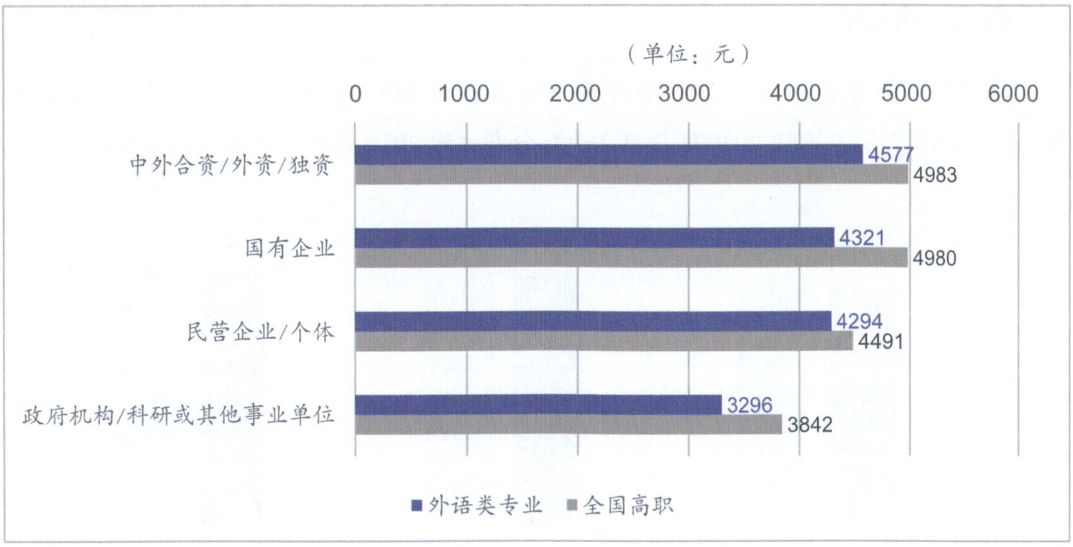

图 11　高职外语类专业 2021 届毕业生和全国同届高职毕业生在不同类型用人单位就业半年后月收入统计图

（注：民非组织因样本数较少，图中未统计。）

如图 12 所示，2021 届高职外语类专业毕业生入职 1001 ～ 3000 人规模用人单位的人，半年后月收入相对较高。

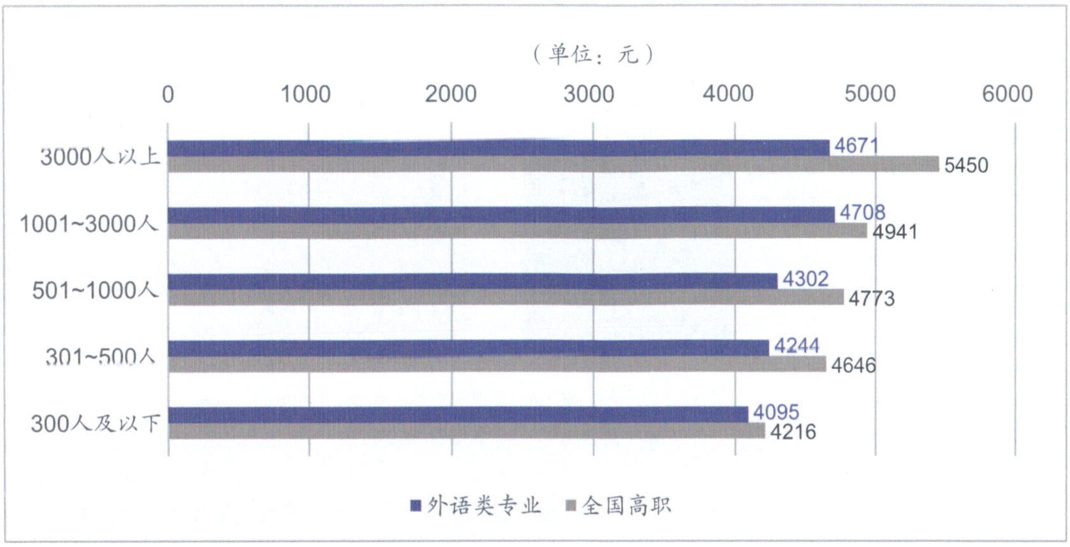

图 12　高职外语类专业 2021 届毕业生和全国同届高职毕业生在不同规模用人单位就业半年后月收入统计图

（3）就业满意度

就业满意度：已就业的毕业生对自己现状满意度打分，是毕业生的主观判断指标，代表毕业生对就业的满意程度。

❶ 就业满意度

高职外语类专业 2019 ～ 2021 届毕业生的就业满意度稳中有升。如图 13 所示，2021 届毕业生的就业满意度比 2020 届提高 2 个百分点，比 2019 届提高了 5 个百分点。

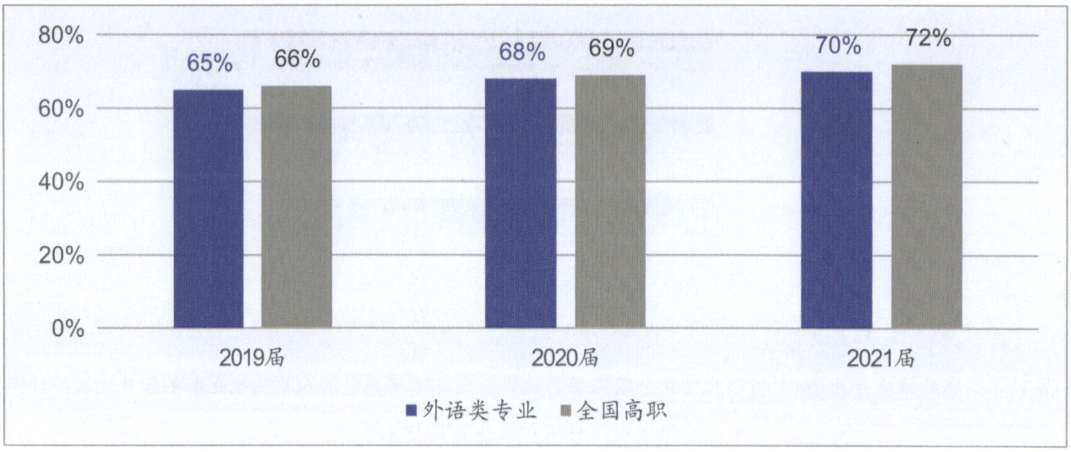

图 13　高职外语类专业 2019 ～ 2021 届毕业生和全国同届高职毕业生就业满意度统计图

从毕业三年后的情况看，如图 14 所示，高职外语类专业 2018 届毕业生毕业三年后的就业满意度高于全国同届水平。

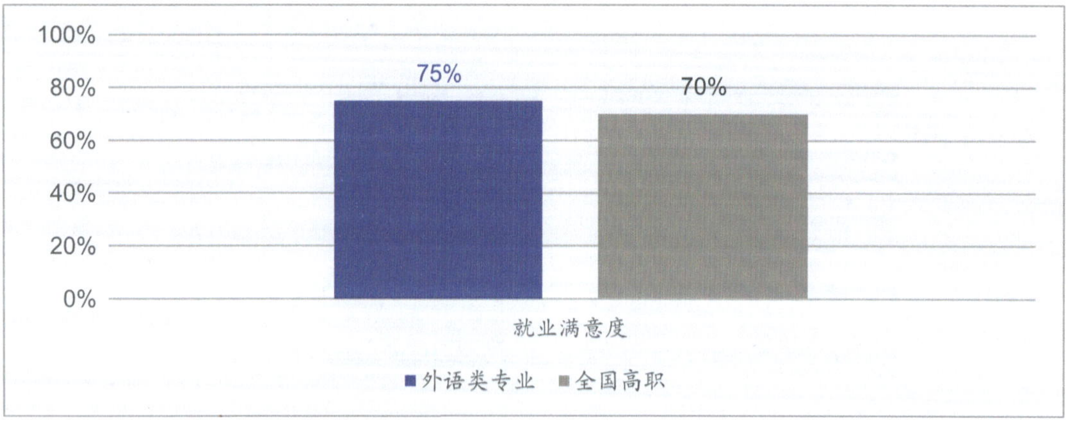

图 14　高职外语类专业 2018 届毕业生和全国同届高职毕业生毕业三年后就业满意度统计图

❷ 对就业现状不满意的原因

如图 15 所示，高职外语类专业 2021 届毕业生对就业现状不满意的原因中，占比最高的是“收入低”，其次是“发展空间不够”。

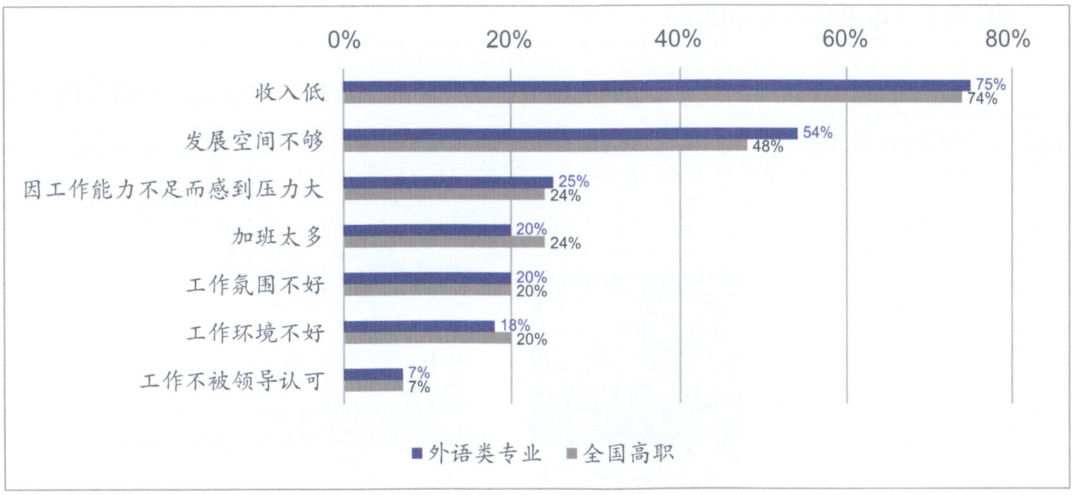

图 15　高职外语类专业 2021 届毕业生和全国同届高职毕业生对就业现状不满意原因占比统计图

❸ 各专业就业满意度

如图 16 所示，主要外语类专业 2019 ～ 2021 届毕业生中，商务英语专业毕业生的就业满意度相对较高，商务日语、旅游英语专业毕业生的就业满意度相对较低。

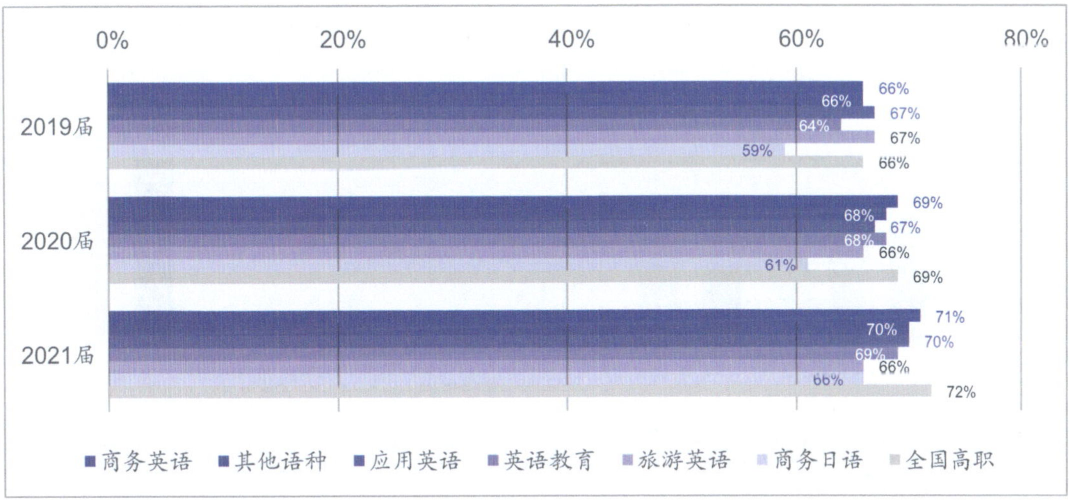

图 16　高职主要外语类专业 2019 ～ 2021 届毕业生和全国同届高职毕业生就业满意度统计图

（4）职位晋升

职位晋升：由已经工作的毕业生回答是否获得职位晋升以及获得晋升的次数。职位晋升是指享有比前一个职位更多的职权并承担更多的责任，由毕业生主观判断。

❶ 毕业三年内职位晋升情况

如图 17 所示，高职外语类专业 2018 届毕业生在毕业三年内平均获得职位晋升的比例略低于全国同届平均水平。

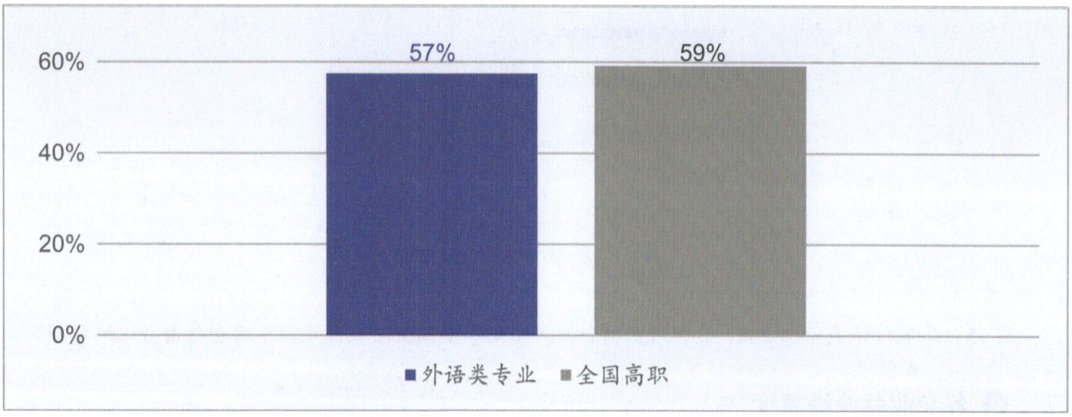

图 17　高职外语类专业 2018 届毕业生和全国同届高职毕业生毕业三年内平均获得职位晋升比例统计图

如图 18 所示，高职外语类专业 2018 届毕业生在毕业三年内，有 30% 的人获得过 1 次晋升，略低于全国同届。同时，有四成多毕业生从未获得过晋升，比例高于全国同届。

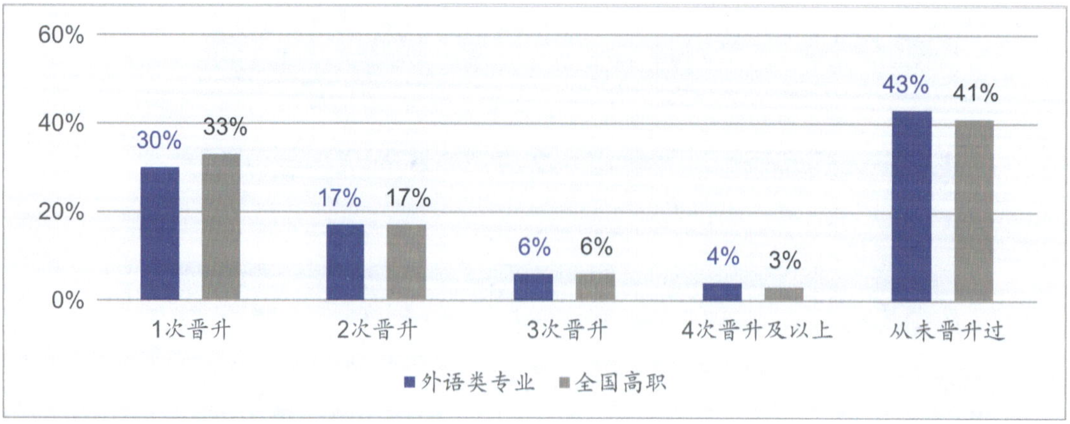

图 18　高职外语类专业 2018 届毕业生和全国同届高职毕业生毕业三年内平均获得职位晋升次数占比统计图

❷ 在校培养对职业发展的帮助度

如图 19 所示，高职外语类专业 2018 届毕业生认为在校培养对个人职业发展影响最大的是“专业课程”，其次是“实习实践经历”。

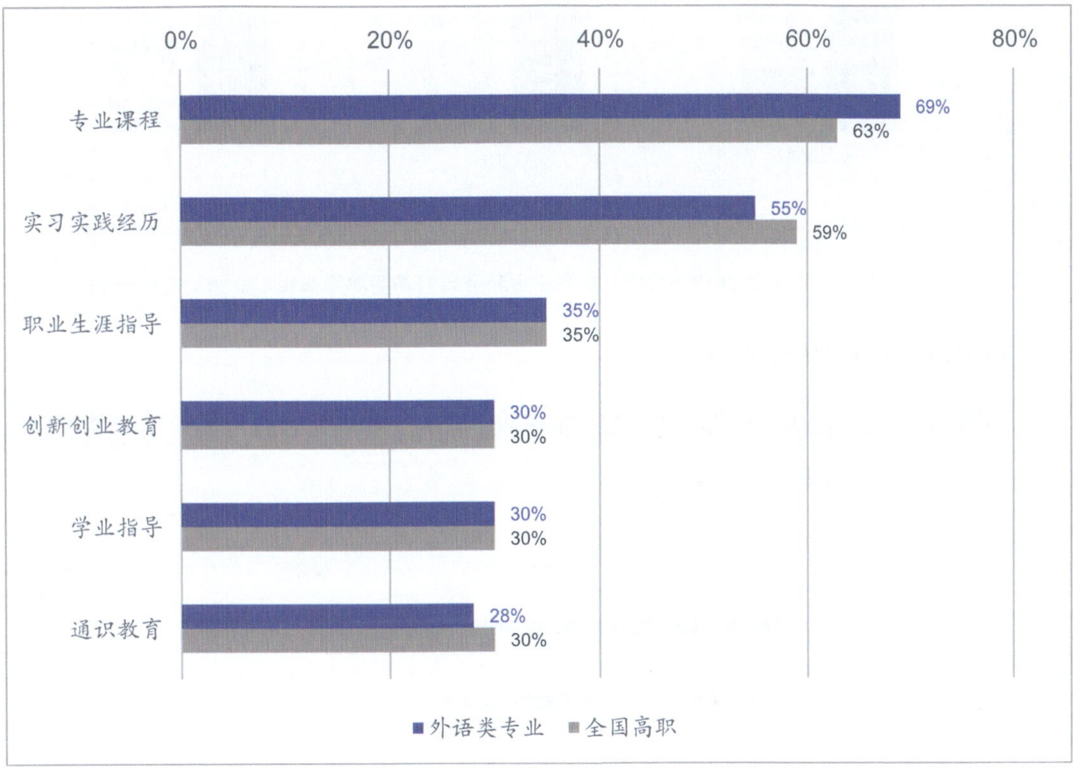

图 19　高职外语类专业 2018 届毕业生和全国同届高职毕业生认为在校培养对职业发展影响因素占比统计图

（5）职业吻合度

职业吻合度：毕业生目前工作与职业期待吻合的人数占比。职业吻合度反映了毕业生求职预期与职场实际情况之间的匹配程度。

❶ 职业吻合度

如图 20 所示，高职外语类专业 2019 ～ 2021 届毕业生的职业吻合度稳步提升，与全国同届高职平均水平相比，优势逐步扩大。其中，2021 届毕业生的职业吻合度高于 2020 届、2019 届和全国同届。

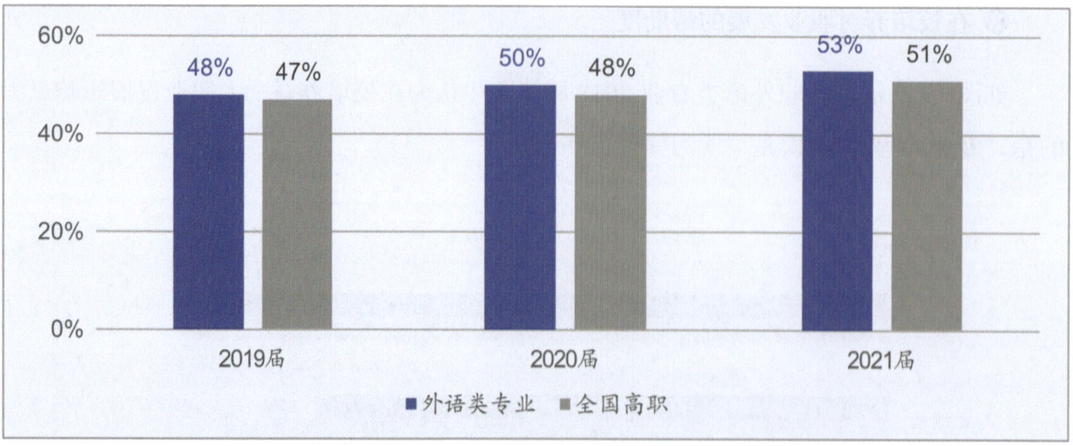

图 20　高职外语类专业 2019 ～ 2021 届毕业生和全国同届高职毕业生职业吻合度统计图

❷ 职业不符合期待的原因

如图 21 所示，高职外语类专业 2021 届毕业生认为工作不符合自身职业期待的首要原因是“不符合自己的职业发展规划”。

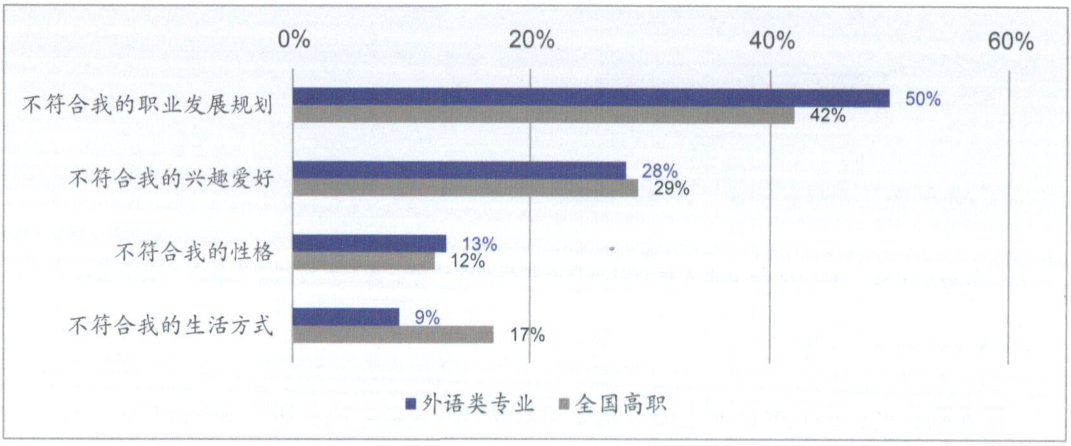

图 21　高职外语类专业 2021 届毕业生认为工作不符合职业期待的原因占比统计图

（6）离职分析

❶ 毕业半年内离职率

离职率：从毕业时到毕业当年的 12 月 31 日，工作过的毕业生中有过离职经历的人数百分比。

如图 22 所示，高职外语类专业 2019 ～ 2021 届毕业生毕业半年内的离职率有所上升，且高于全国同届高职毕业生，就业稳定性相对较差。

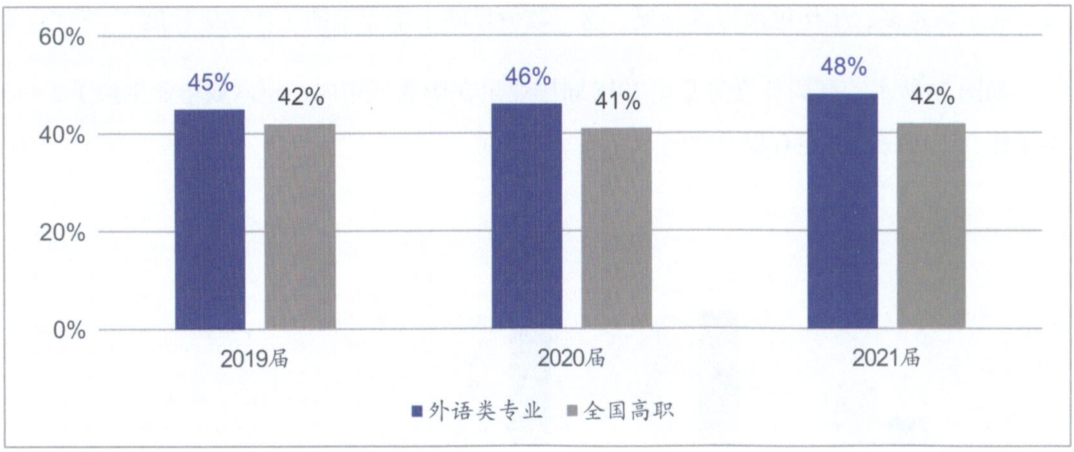

图 22　高职外语类专业 2019～2021 届毕业生和全国同届高职毕业生毕业半年内离职率统计图

❷ 离职原因

如图 23 所示，高职外语类专业 2021 届毕业生离职的主要原因是“薪资福利低”和“个人发展空间不够”。

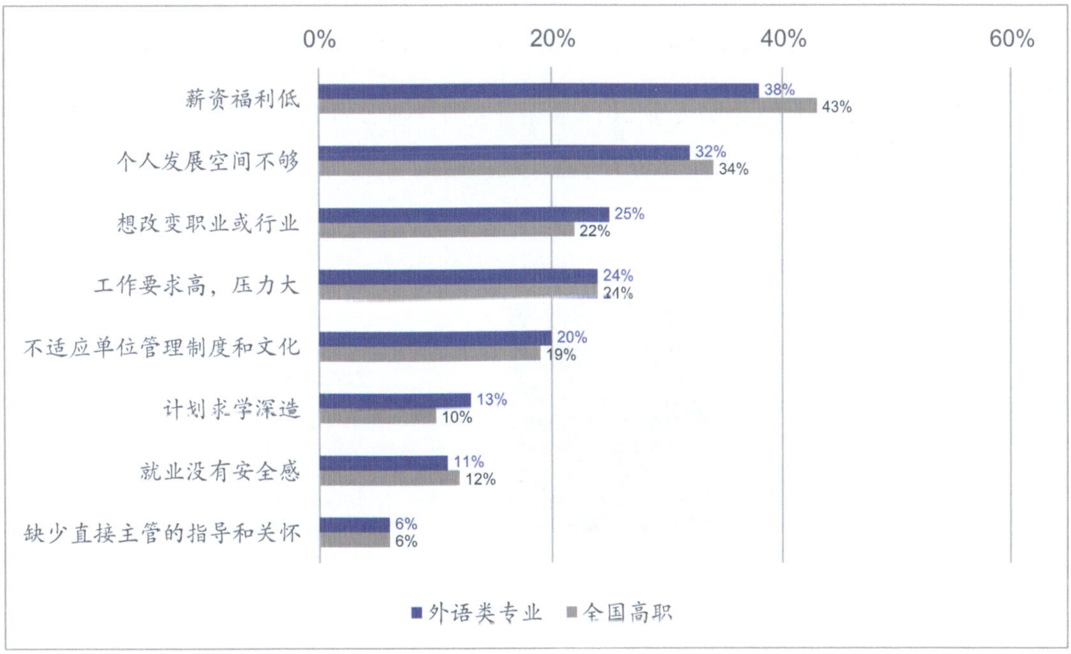

图 23　高职外语类专业 2021 届毕业生离职原因占比统计图

❸ 毕业三年内平均雇主数

雇主数：指毕业生从第一份工作到三年后的跟踪评价时点，一共为多少个雇主工作过。雇主数越多，工作更换得越频繁。这一数值反映了毕业生的工作稳定程度。

如图 24 所示，高职外语类专业 2018 届毕业生在毕业三年内，超六成毕业生换了 2～3 份工作，工作稳定度还有提升空间。

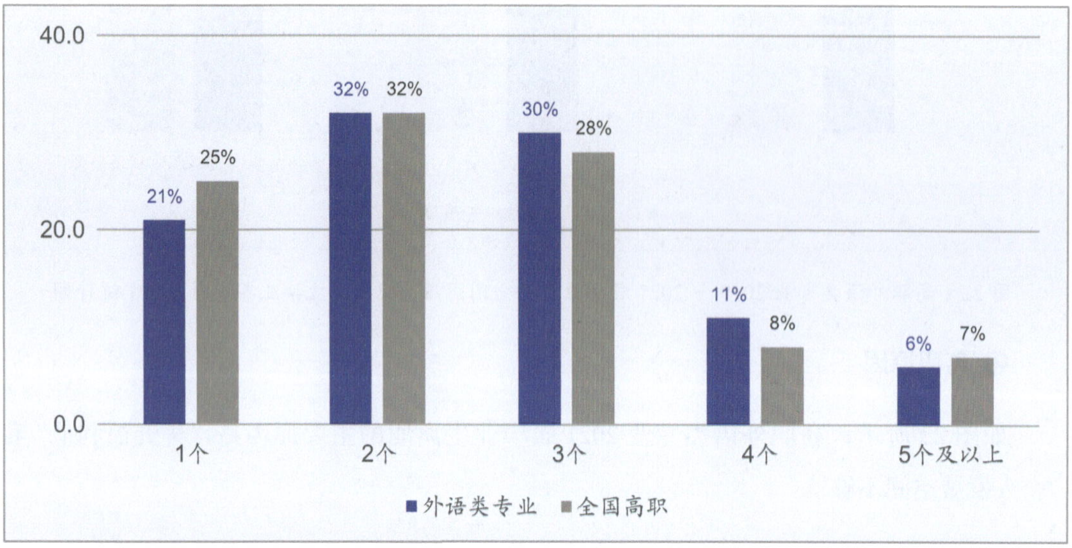

图 24　高职外语类专业 2018 届毕业生和全国同届高职毕业生毕业三年内雇主数占比统计图

如图 25 所示，高职外语类专业 2018 届毕业生在毕业三年内，平均为 2.5 个雇主工作过。这一数据也从侧面支持了前文对工作稳定度的结论。

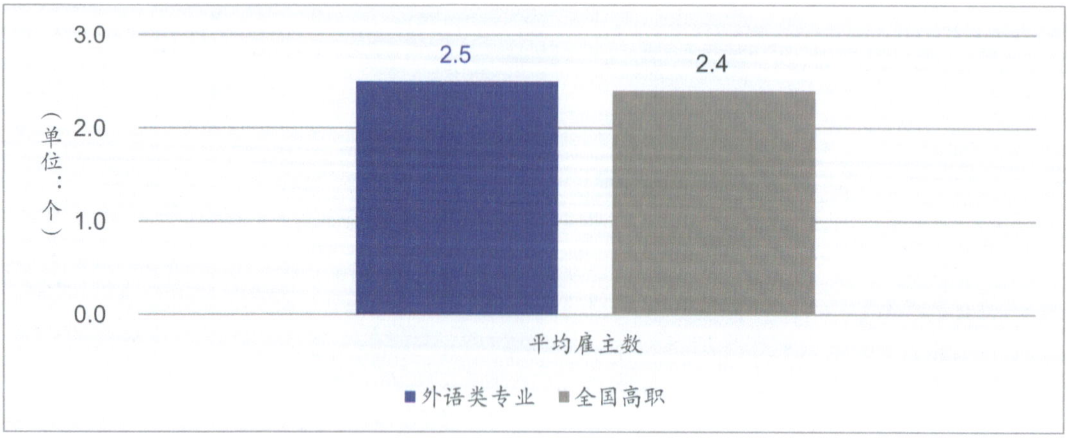

图 25　高职外语类专业 2018 届毕业生和全国同届高职毕业生毕业三年内平均雇主数统计图

2. 培养目标达成

（1）工作与专业相关度

工作与专业相关度：毕业生是知识的使用者，他们能够判断自己的工作是否用到了所学的专业知识，因此问卷设计为由毕业生回答自己从事的全职工作是否与所学专业相关。工作与专业相关度计算公式的分子是从事与专业相关的全职工作的毕业生人数，分母是从事全职工作（包括与专业相关及无关）的毕业生人数。

❶ 工作与专业相关度

高职外语类专业 2019 ～ 2021 届毕业生的工作与专业相关度持续下降，已低于全国高职。如图 26 所示，2020 届和 2021 届毕业生的工作与专业相关度均低于全国高职。

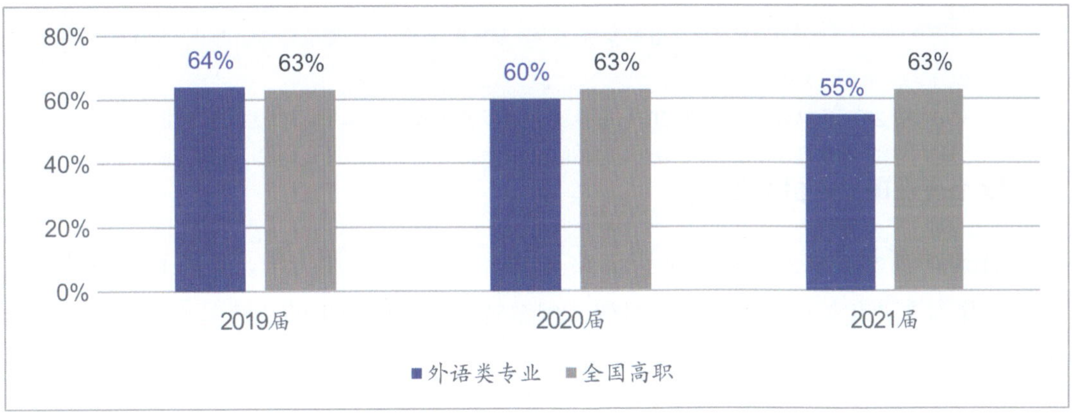

图 26　高职外语类专业 2019 ～ 2021 届毕业生和全国同届高职毕业生工作与专业相关度统计图

如图 27 所示，毕业三年后，高职外语类专业 2018 届毕业生的工作与专业相关度也低于全国同届。

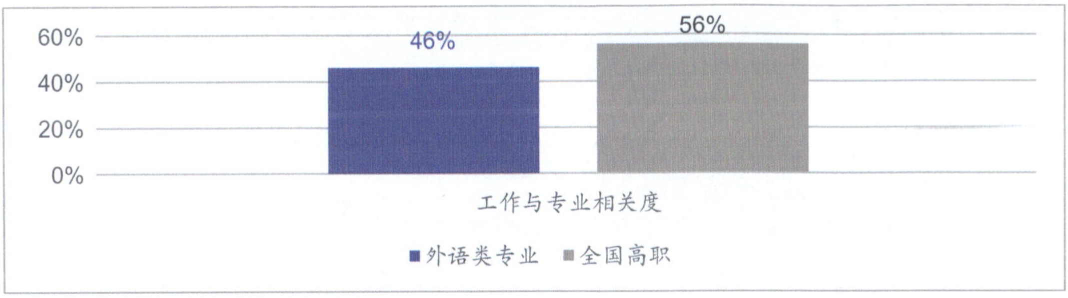

图 27　高职外语类专业 2018 届毕业生和全国同届高职毕业生毕业三年后工作与专业相关度统计图

❷ 选择与专业无关工作的原因

如图 28 所示，高职外语类专业 2021 届毕业生选择与专业无关工作的最主要原因是“迫于现实先就业再择业”，其次是“达不到专业相关工作要求”。

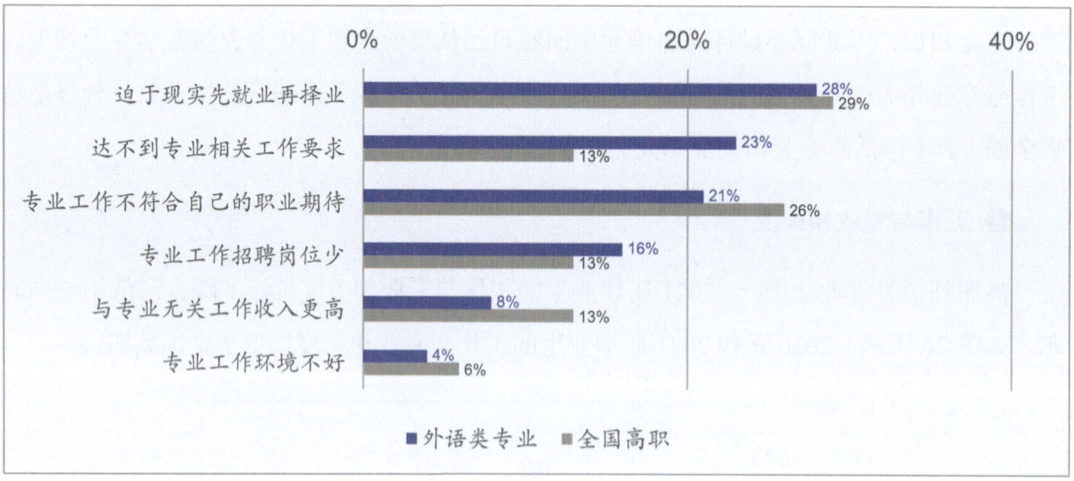

图 28　高职外语类专业 2021 届毕业生选择与专业无关工作原因占比统计图

❸ 各专业的专业相关度

如图 29 所示，主要高职外语类专业 2019 ～ 2021 届毕业生中，英语教育专业毕业生的工作与专业相关度最高，商务日语、旅游英语专业毕业生的工作与专业相关度相对较低。

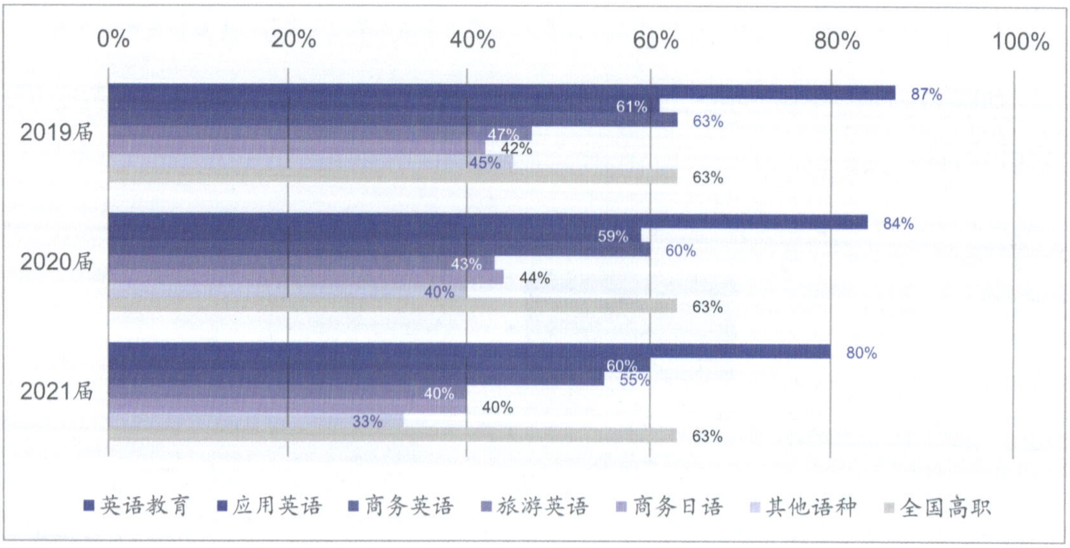

图 29　高职主要外语类专业 2019 ～ 2021 届毕业生和全国同届高职毕业生工作与专业相关度统计图

（2）行业特点

行业：指用人单位的主要产品和服务内容。例如，毕业生在一个门户网站做文员，其用人单位所在行业便是“互联网运营与网络搜索引擎业”；毕业生在一家百货公司维护电脑系统，其用人单位所在行业便是“百货零售业”。

❶ 就业量较大的行业及变化

如图 30 所示，高职外语类专业 2019 ～ 2021 届毕业生中，在教育领域、零售业就业的毕业生占比较高，但在教育领域就业的毕业生比例却逐年下降。

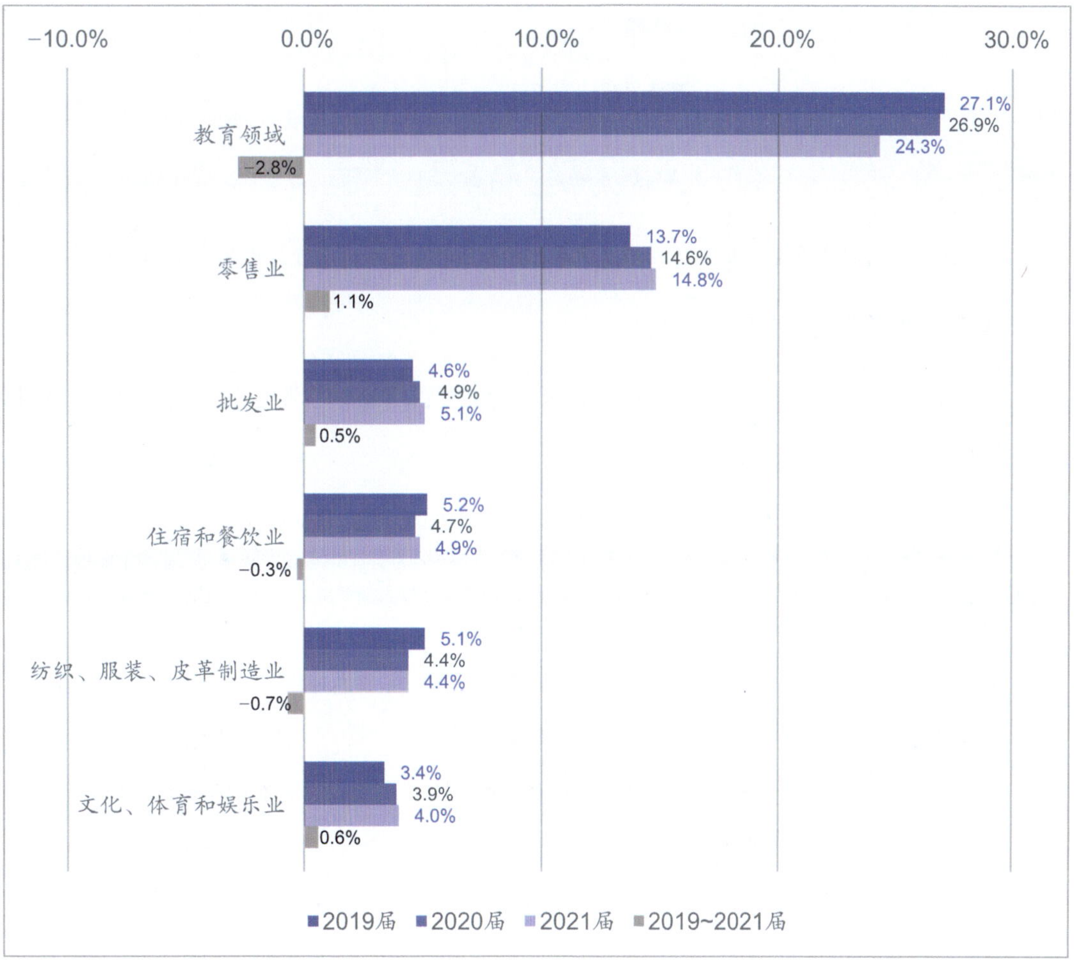

图 30　高职主要外语类专业 2019 ～ 2021 届毕业生不同行业就业情况统计图

如图 31 所示，与毕业半年后相比，高职外语类专业 2018 届毕业生在毕业三年后在教育领域、零售、信息等领域就业的人员占比有所上升。

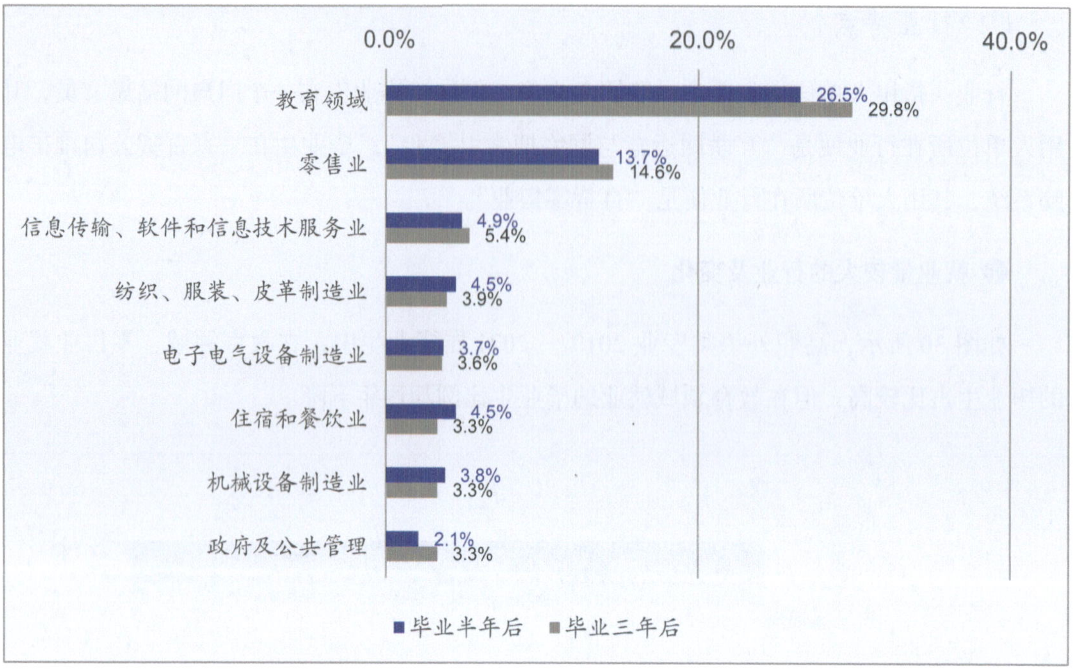

图 31　高职外语类专业 2018 届毕业生毕业半年后和三年后不同行业就业比例统计图

❷ 各专业毕业生主要就业行业

如表 1 所示，高职主要外语类专业 2019 ～ 2021 届毕业生就业量前三的行业中均包括了教育业。

表 1　高职主要外语类专业 2019 ～ 2021 届毕业生就业量前三位行业统计表（三届合并）

专业	就业量第一的行业	就业量第二的行业	就业量第三的行业
旅游英语	住宿和餐饮业	教育	零售业
商务日语	教育	零售业	信息传输、软件和信息技术服务业
商务英语	教育	零售业	批发业
应用英语	教育	零售业	住宿和餐饮业
英语教育	教育	—	—
其他语种	零售业	教育	信息传输、软件和信息技术服务业

（3）职业特点

职业：是指从业者的主要工作内容。例如，毕业生在一家门户网站公司做文员，其职业即为“文员”；在一家百货公司维护电脑系统，其职业即为“计算机技术支持人员”。

❶ 就业量较大的职业及变化

如图 32 所示，毕业半年后，高职外语类专业 2019 ～ 2021 届毕业生从事销售、中小学教育、行政 / 后勤类职业的比例较高，其中从事销售、中小学教育类工作的人数占比呈现下降趋势，行政 / 后勤类从业人员的占比有所上升。

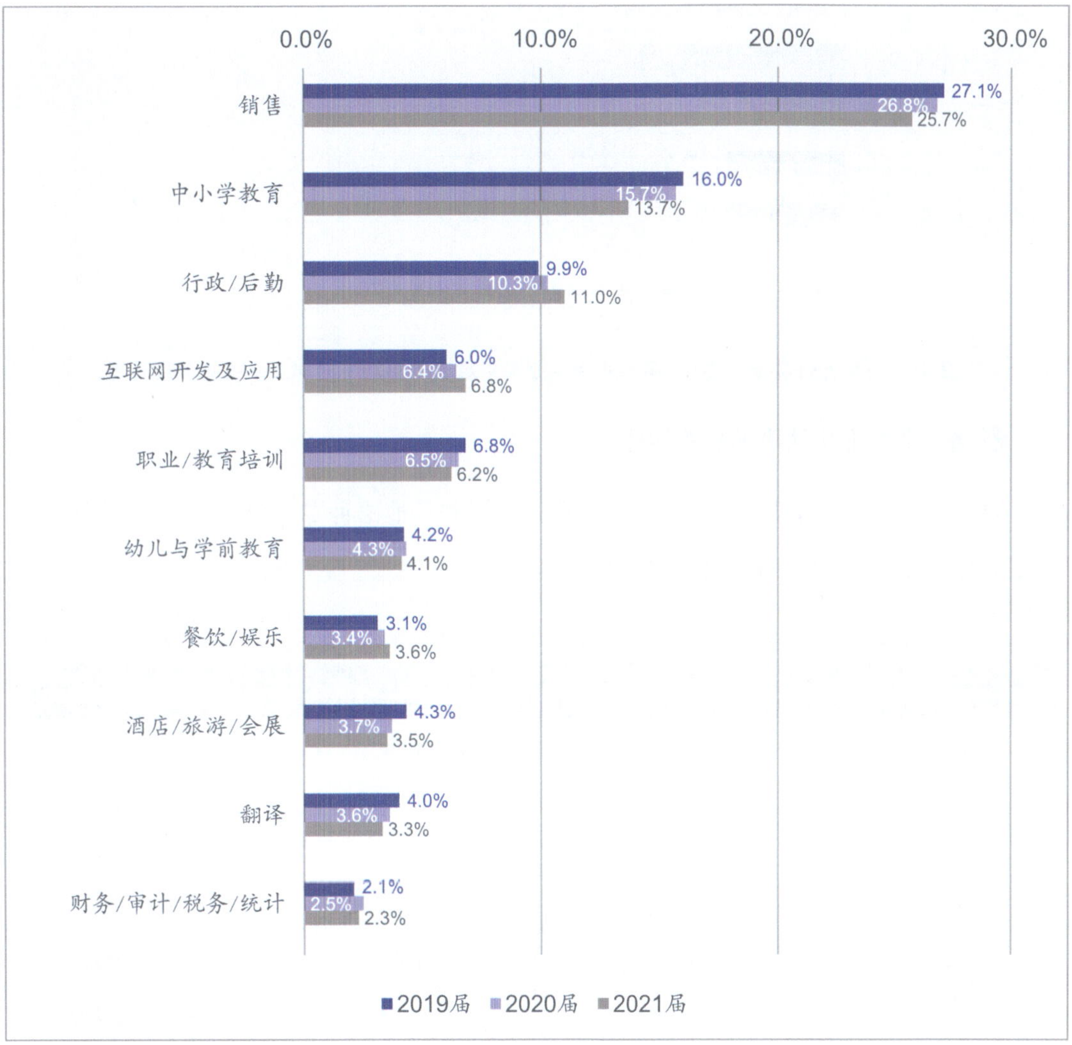

图 32　高职外语类专业 2019 ～ 2021 届毕业生毕业半年后从事不同职业人数占比统计图

如图 33 所示，与毕业半年后相比，高职外语类专业 2018 届毕业生毕业三年后从事中小学教育、互联网开发及应用类职业的人员占比有所上升，从事销售、行政 / 后勤等职业的人员占比有所下降。

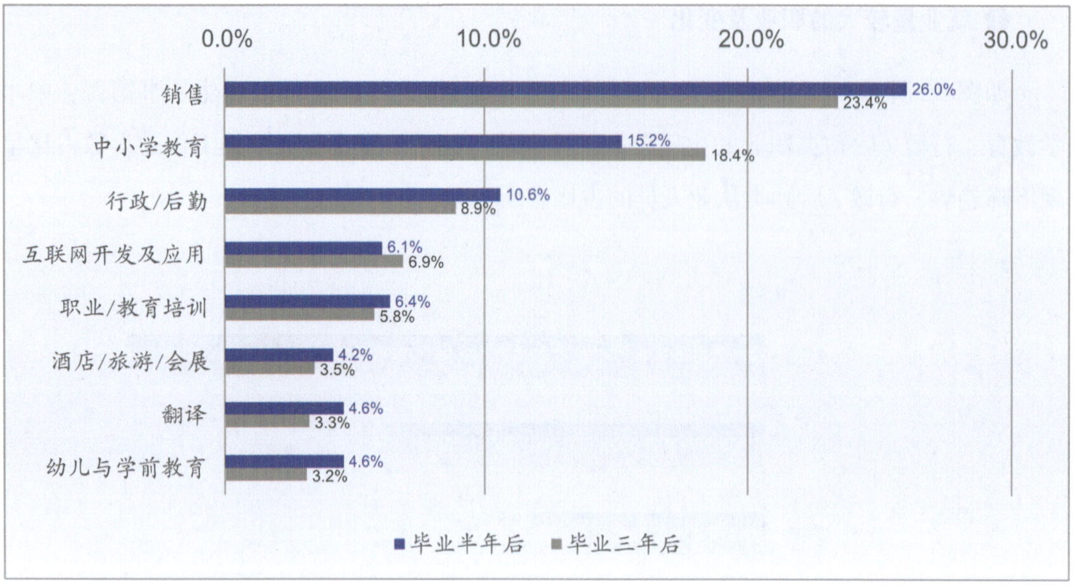

图 33　高职外语类专业 2018 届毕业生毕业半年后和三年后不同职业就业比例统计图

❷ 各专业毕业生从事的主要职业

如表 2 所示，旅游英语、商务日语、应用英语和其他语种专业 2019 ～ 2021 届毕业生就业量前三的职业中均包括销售、行政 / 后勤。

表 2　高职主要外语类专业 2019 ～ 2021 届毕业生就业量前三位职业统计表

专业	就业量第一的职业	就业量第二的职业	就业量第三的职业
旅游英语	酒店 / 旅游 / 会展	销售	行政 / 后勤
商务日语	销售	行政 / 后勤	职业 / 教育培训
商务英语	销售	中小学教育	互联网开发及应用
应用英语	销售	中小学教育	行政 / 后勤
英语教育	中小学教育	幼儿与学前教育	职业 / 教育培训
其他语种	销售	行政 / 后勤	互联网开发及应用

❸ 毕业三年后的岗位类型与职务层级分布

如图 34 所示，高职外语类专业 2018 届毕业生毕业三年后的工作岗位类型分布较为平均，其中从事营销类、事务类岗位的人员占比高于全国同届高职毕业生，从事技术类岗位的人员占比低于全国同届高职毕业生。

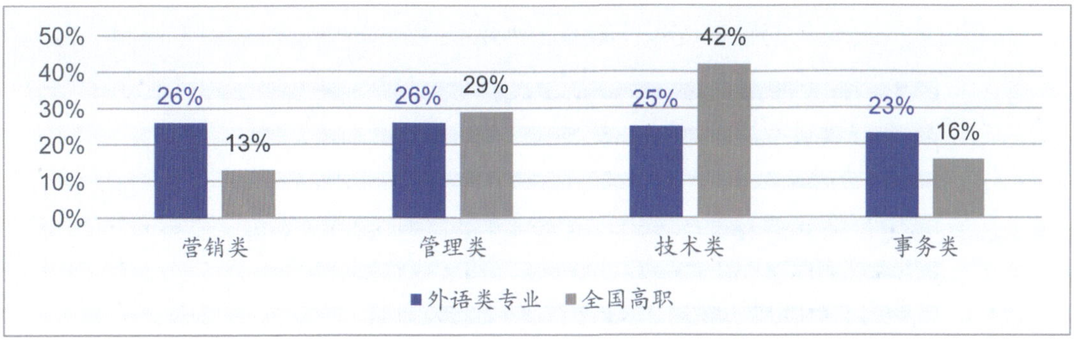

图 34　高职外语类专业 2018 届毕业生毕业三年后工作岗位类型统计图

（4）用人单位特点

❶ 用人单位类型分布

如图 35 所示，高职外语类专业 2019 ～ 2021 届毕业生毕业后主要服务于民营和个体企业。

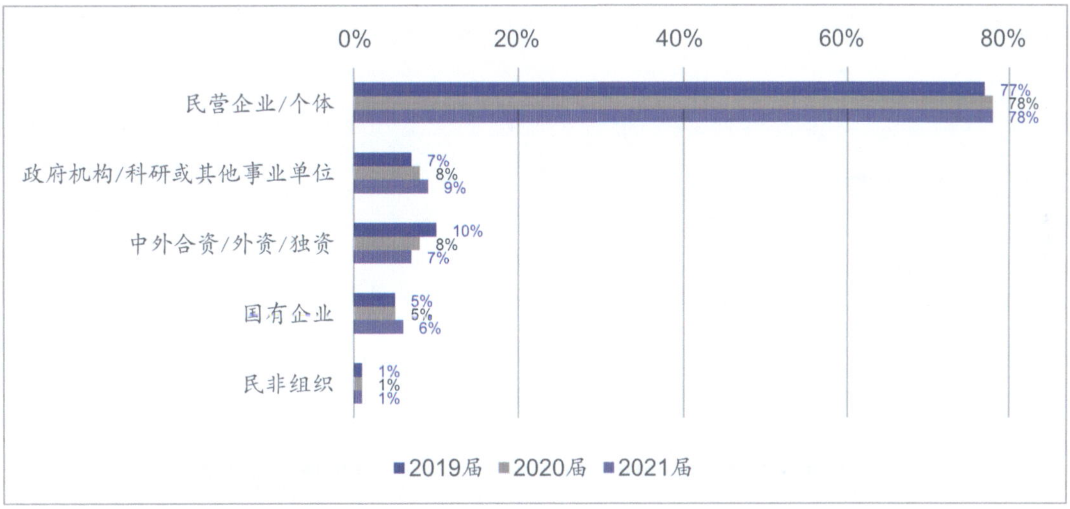

图 35　高职主要外语类专业 2019 ～ 2021 届毕业生入职不同用人单位人员占比统计图

❷ 各专业毕业生入职的用人单位类型

如图 36 所示，高职主要外语类专业 2019 ～ 2021 届毕业生都以服务民企为主，英语教育专业毕业生在政府机构 / 科研或其他事业单位就业的比例相对较高。

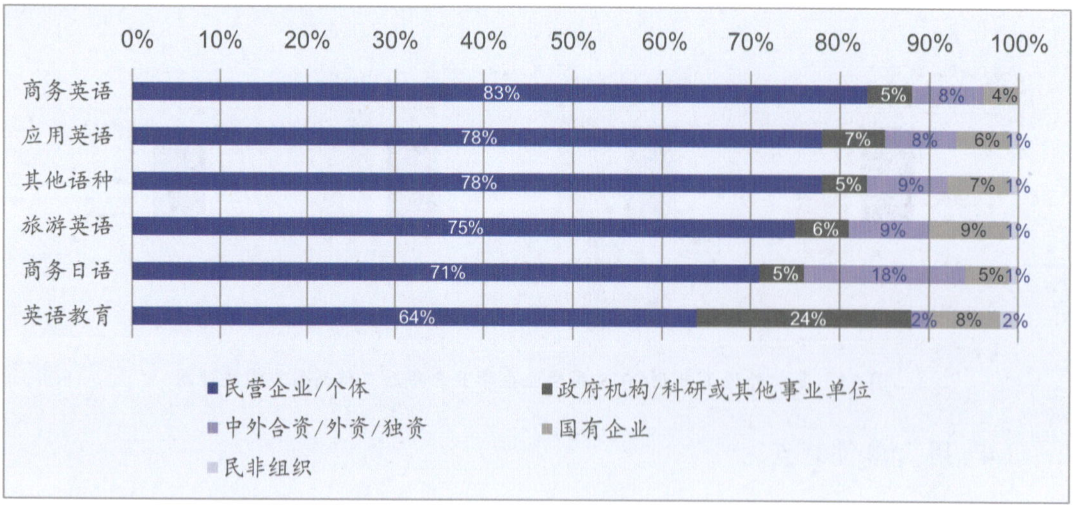

图 36　高职主要外语类专业 2019 ～ 2021 届毕业生入职用人单位类型占比统计图（三届合并）

❸ 用人单位规模分布

如图 37 所示，高职外语类专业 2019 ～ 2021 届毕业生主要服务 300 人及以下规模用人单位。

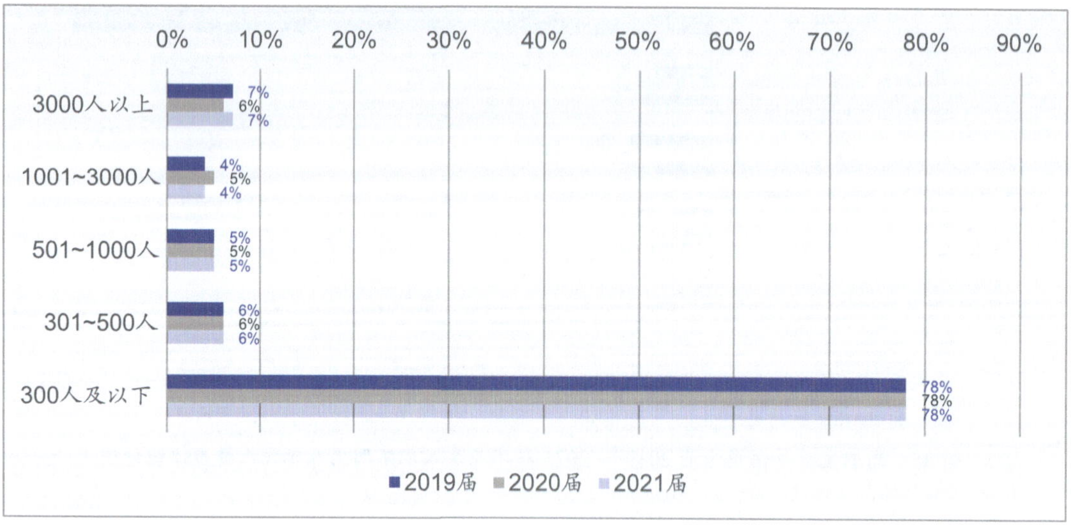

图 37　高职外语类专业 2019 ～ 2021 届毕业生入职不同规模用人单位人员占比统计图

❹ 各专业毕业生就业的用人单位规模

如图 38 所示，高职各主要外语类专业 2019 ～ 2021 届毕业生主要服务 300 人及以下规模用人单位。

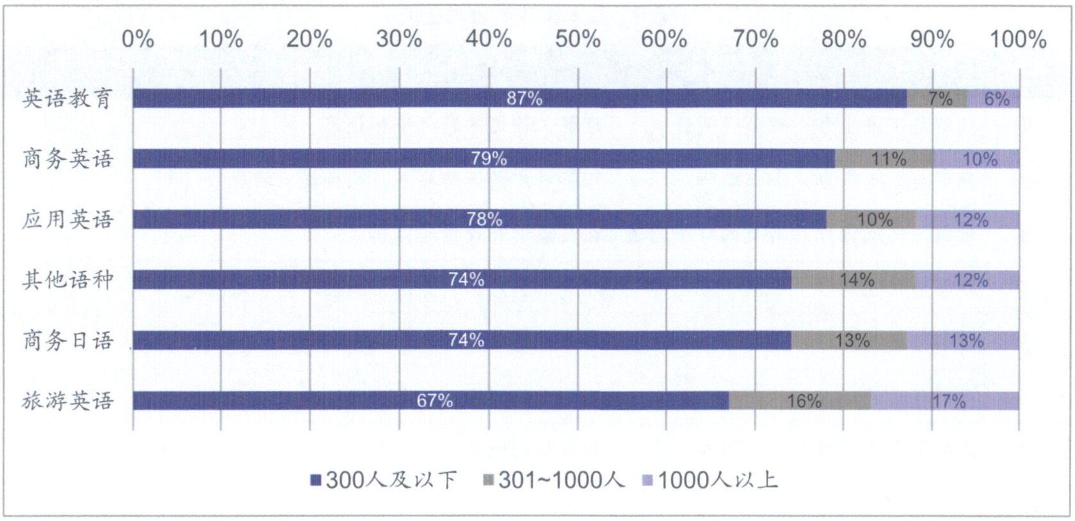

图 38　高职主要外语类专业 2019～2021 届毕业生入职不同规模用人单位人员占比统计图

3. 毕业要求达成

（1）基本工作能力评价

基本工作能力：指大学毕业生的基本工作能力，不同职业要求的基本工作能力不同。麦可思对基本工作能力进行了划分，不仅包括毕业生从事对应岗位工作所需要的专业技术能力，也包括了毕业生换工作时所需要的通识和能力。

具体技能分类：麦可思参考美国 SCANS 标准，将基本工作能力分为 5 大类 35 个小项，5 大类如图 39 所示。

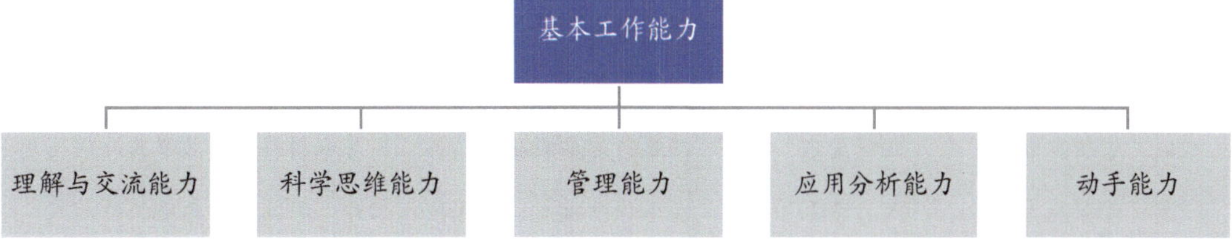

图 39　基本工作能力分类图

35 个小项如表 3 所示。

表 3　基本工作能力描述表

序号	类别	名称	描述
1	理解与交流能力	理解性阅读	理解工作文件的句子和段落
2	理解与交流能力	积极聆听	理解对方讲话的要点，适当提出问题
3	理解与交流能力	有效的口头沟通	在交谈中有效传递信息
4	理解与交流能力	积极学习	理解信息内容，并用于解决问题和做决定
5	理解与交流能力	学习方法	工作时选择合适的方法与流程
6	理解与交流能力	理解他人	关注并理解他人的反应
7	理解与交流能力	服务他人	积极帮助他人
8	科学思维能力	针对性写作	根据读者需求有效传递信息
9	科学思维能力	数学解法	用数学方法解决问题
10	科学思维能力	科学分析	用科学的方法解决问题
11	科学思维能力	逻辑思维	运用逻辑推理辨别建议、结论和方法的优缺点
12	管理能力	绩效评估	监督和评估自己、他人或组织的绩效
13	管理能力	协调安排	根据他人的需要调整工作安排
14	管理能力	说服他人	说服他人改变想法或行为
15	管理能力	谈判技巧	与他人沟通并达成一致
16	管理能力	指导他人	指导他人做某事
17	管理能力	解决复杂问题	通过查阅信息找到解决复杂问题的方法，并对这一方法做出评估
18	管理能力	判断和决定	评估多个方案的投入与产出，决定最合适的方案
19	管理能力	时间管理	管理自己和他人的时间
20	管理能力	财务管理	决定怎样花钱才能完成工作，并为这些开支记账、核算
21	管理能力	物资管理	按照特定要求获得设备、厂房和材料，并监督其合理使用
22	管理能力	人力资源管理	在工作中激发、指导他人工作，寻找适合各项工作的人
23	应用分析能力	设计思维	分析需求和生产方案的可行性
24	应用分析能力	技术设计	按要求设计和改进设备与技术
25	应用分析能力	设备选择	决定使用哪一种工具和设备完成工作
26	应用分析能力	质量控制分析	对产品、服务或工作流程进行测试和检查
27	应用分析能力	操作监控	监控仪表、控制器和其他指示器以保证机器正常运行

（续表）

序号	类别	名称	描述
28	应用分析能力	操作和控制	控制设备和系统的运行
29	应用分析能力	设备维护	对设备进行日常维护并决定什么时候进行何种维护
30	应用分析能力	解决问题	找出问题产生的原因和解决方案
31	应用分析能力	系统分析	判定某种变化对一个系统的影响
32	应用分析能力	系统评估	明确系统绩效的评估方法或标准，根据系统目标制订执行方案
33	动手能力	安装能力	按照特定要求安装设备、机器、管线或程序
34	动手能力	电脑编程	为各种特定目的编写电脑程序
35	动手能力	维修机器和系统	使用必要的工具修理机器和系统

基本工作能力的重要度：用于定义正在工作的毕业生所理解的 35 项基本工作能力在其工作中的重要程度，分为“无法评估”“不重要”“有些重要”“重要”“非常重要”“极其重要”6 个层次。数据处理时把重要性处理为百分比，0 代表“不重要”，25% 代表“有些重要”，50% 代表“重要”，75% 代表“非常重要”，100% 代表“极其重要”。

工作岗位要求的能力水平：用于定义正在工作的毕业生所理解的工作对 35 项基本工作能力的要求级别，从低到高分为 1 级到 7 级。1 级代表该能力的最低水平，取值为 1/7，7 级代表最高水平，取值为 1。

毕业时掌握的基本工作能力水平：用于定义正在工作的毕业生所理解的刚毕业时对 35 项基本工作能力实际掌握的级别，从低到高分为 1 级到 7 级。1 级代表该能力的最低水平，取值为 1/7，7 级代表最高水平，取值为 1。

基本工作能力的满足度：指毕业生毕业时掌握的基本工作能力满足社会初始岗位工作要求的百分比。100% 为完全满足。满足度计算公式的分子是毕业时掌握的基本工作能力，分母是工作要求。

❶ 总体基本工作能力满足度

如图 40 所示，高职外语类专业 2019 ～ 2021 届毕业生的总体基本工作能力满足度稳中有升，并一直略高于全国同届。

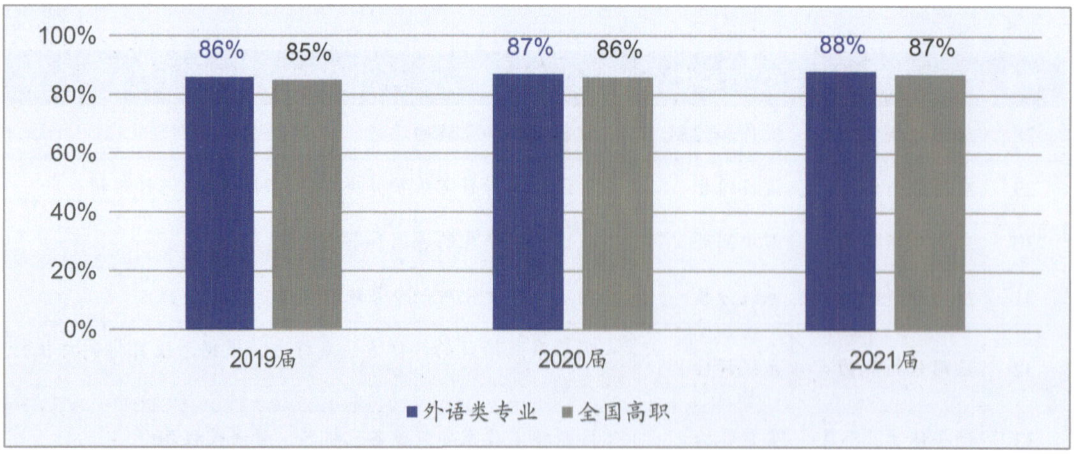

图 40　高职外语类专业 2019 ～ 2021 届毕业生和全国同届高职毕业生总体基本工作能力满足度统计图

❷ 主要基本工作能力重要度和满足度

如图 41 所示，高职外语类专业 2019 ～ 2021 届毕业生认为最重要的基本工作能力是阅读性理解，满足度最高的基本工作能力是时间管理和财务管理。

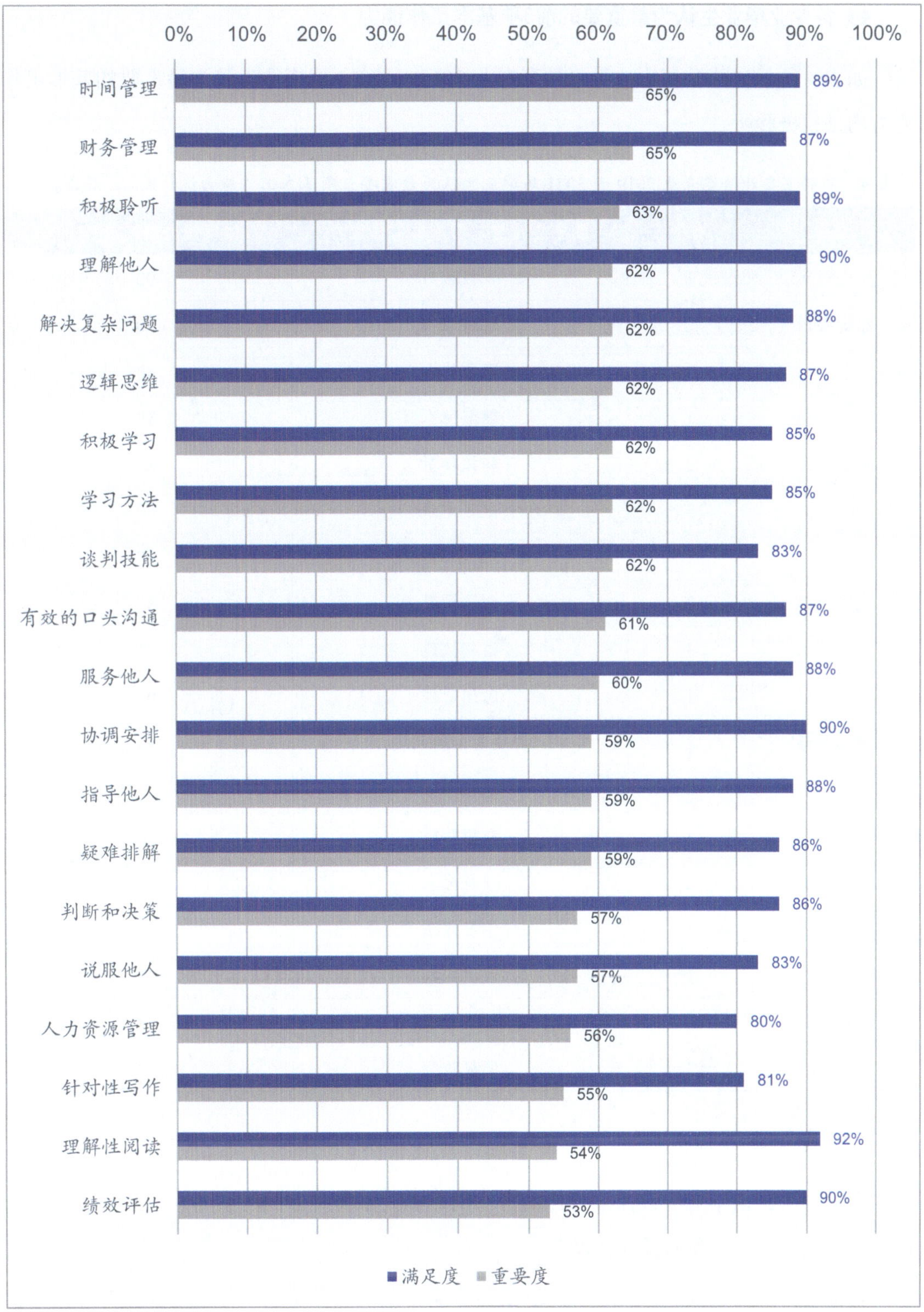

图 41　高职外语类专业 2019 ～ 2021 届毕业生基本工作能力重要度和满足度统计图（三届合并）

❸ 各专业毕业生认为最重要的前3项基本工作能力

如表 4 所示，旅游英语、英语教育专业 2019 ～ 2021 届毕业生认为最重要的基本工作能力均是积极聆听。

表 4　高职主要外语类专业 2019 ～ 2021 届毕业生认为最重要三项基本工作能力统计表（三届合并）

专业	排序	最重要的前三项基本工作能力	该项能力满足度（%）
旅游英语	1	积极聆听	90
	2	理解他人	90
	3	服务他人	88
商务日语	1	理解他人	89
	2	积极聆听	87
	3	学习方法	86
商务英语	1	解决复杂的问题	87
	2	积极学习	85
	3	谈判技能	83
应用英语	1	时间管理	91
	2	解决复杂的问题	89
	3	积极学习	87
英语教育	1	积极聆听	90
	2	理解他人	89
	3	学习方法	86
其他语种	1	协调安排	91
	2	时间管理	89
	3	积极聆听	89

（2）在校素养提升

素养提升：由毕业生选择学校帮助自己明显提升了哪些方面的素养。一个毕业生可选择多项，也可选择“没有任何帮助”。

如图 42 所示，高职外语类专业 2021 届毕业生中，近八成的人认为学校对自己在“积极努力、追求上进”和“人生的乐观态度”方面的提升最为明显。

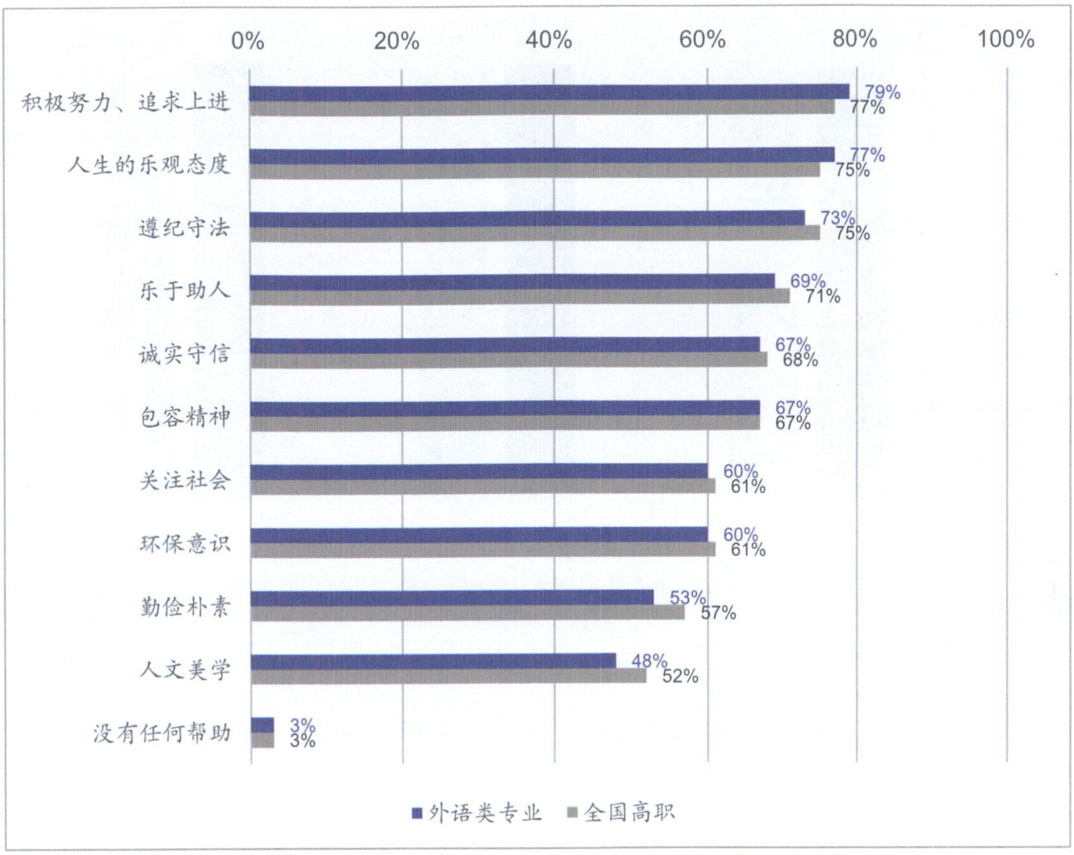

图 42　高职外语类专业 2021 届毕业生在校期间素养提升情况统计图

4. 教学培养质量

（1）教学满意度

教学满意度：毕业生对母校的教学满意度，选项有“很满意”“满意”“不满意”“很不满意”“无法评估”5 项。其中，“满意”“很满意”属于满意范围，“不满意”“很不满意”属于不满意范围。教学满意度是回答在满意范围的人数百分比，计算公式的分子是回答在满意范围的人数，分母是参与调查的总人数。

❶ 教学满意度及改进期待

如图 43 所示，高职外语类专业 2019 ～ 2021 届毕业生对母校教学的总体满意度较高，并且保持稳定趋势，高于全国同届高职平均水平。

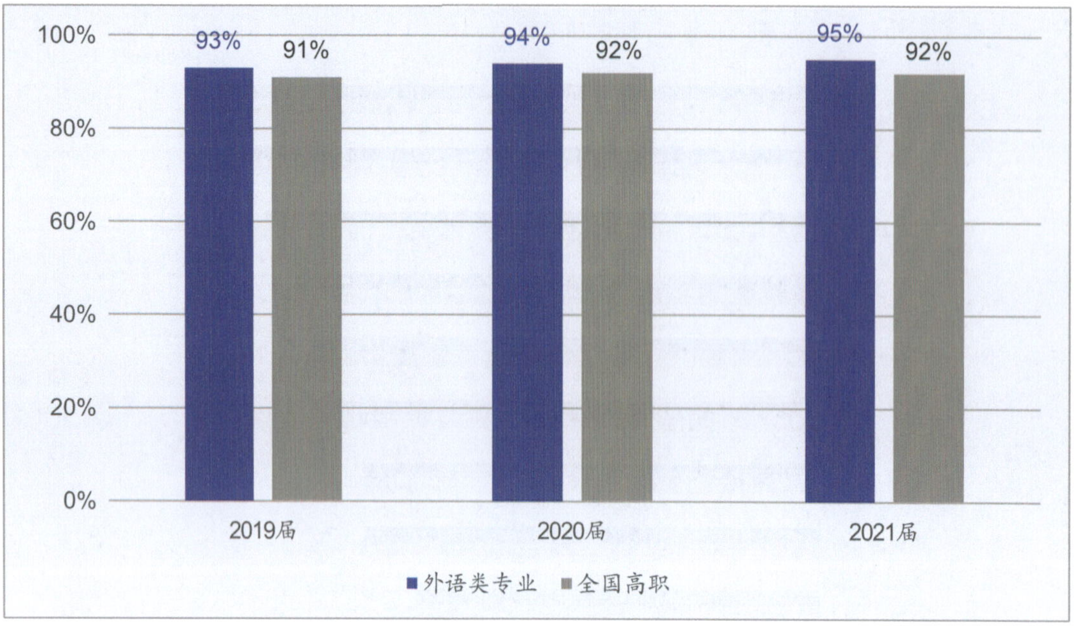

图 43　高职外语类专业 2019～2021 届毕业生和全国同届高职毕业生对母校教学满意度统计图

如图 44 所示，高职外语类专业 2021 届毕业生对母校改进实习和实践环节的期待度最高。

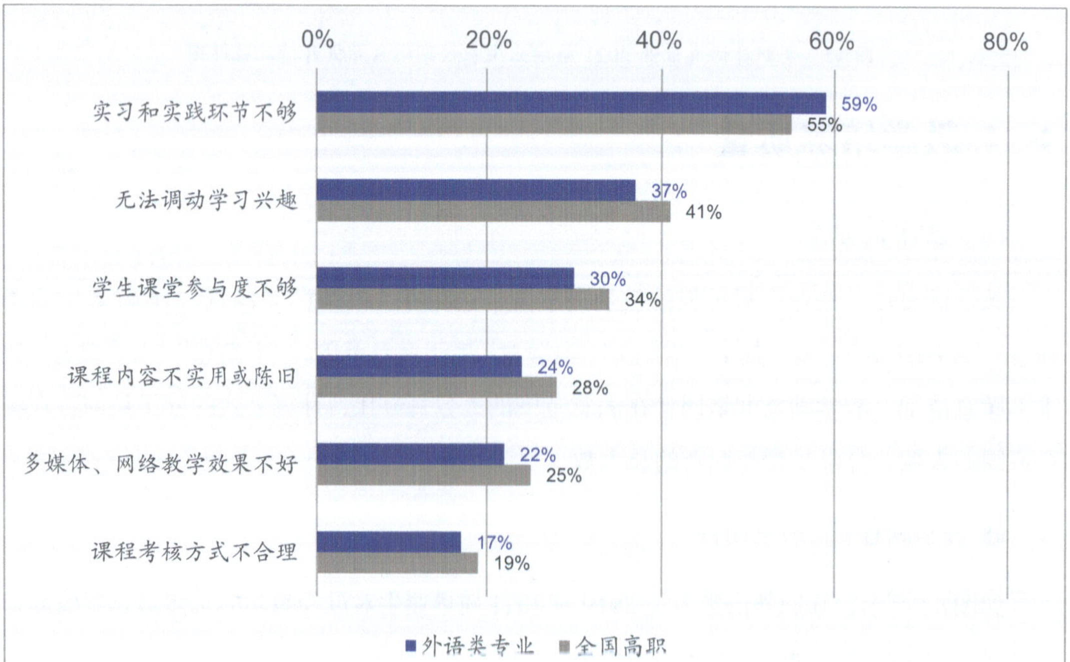

图 44　高职外语类专业 2021 届毕业生认为母校教学需改进情况统计图

❷ 各专业教学满意度

如图 45 所示，高职主要外语类专业 2019 ～ 2021 届毕业生对母校教学满意度均超过全国同届平均水平。

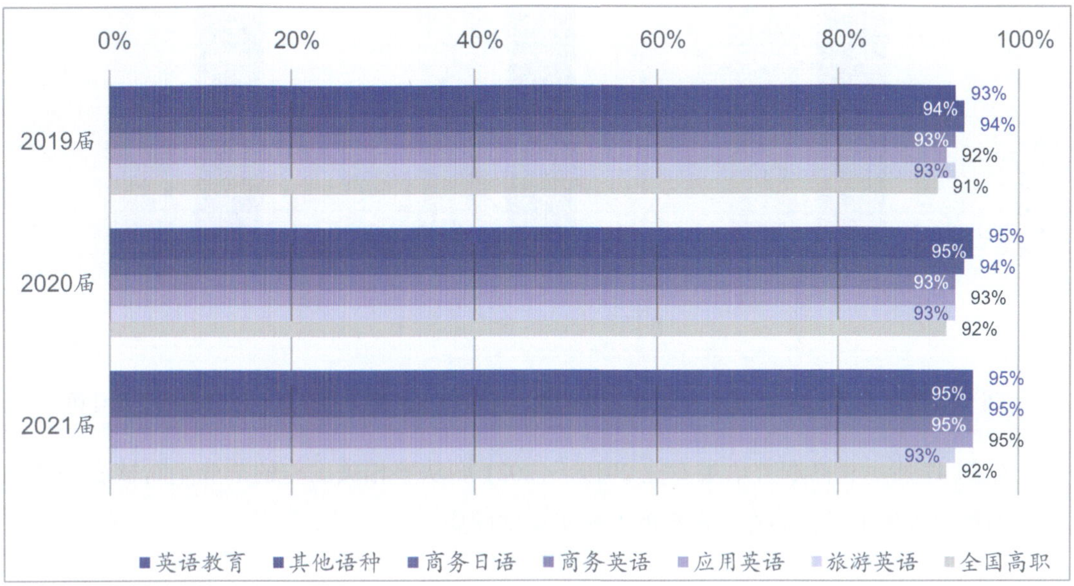

图 45　高职主要外语类专业 2019 ～ 2021 届毕业生和全国同届高职毕业生对母校教学满意度统计图

（2）课程评价

❶ 核心课程有效性

课程重要度：由从事与专业相关工作的毕业生判定在校所学课程在自己的工作中是否重要。重要度评价分为“无法评估”“不重要”“有些重要”“重要”“非常重要”“极其重要”，其中“有些重要”“重要”“非常重要”“极其重要”属于重要的范围。课程重要度主要反映专业核心课程的设置在多大程度上与工作相匹配。

课程满足度：回答了课程“有些重要”到“极其重要”的毕业生会被要求回答课程训练是否满足工作要求，满足度指标是回答某课程能满足工作要求的人数百分比。计算公式的分子是回答“满足”的人数，分母是回答“满足”和“不满足”的总人数。课程满足度主要反映专业核心课程的培养效果。

如图 46 所示，高职外语类专业 2019 ～ 2021 届从事相关工作的毕业生对核心课程重要度的评价与全国同届基本持平。

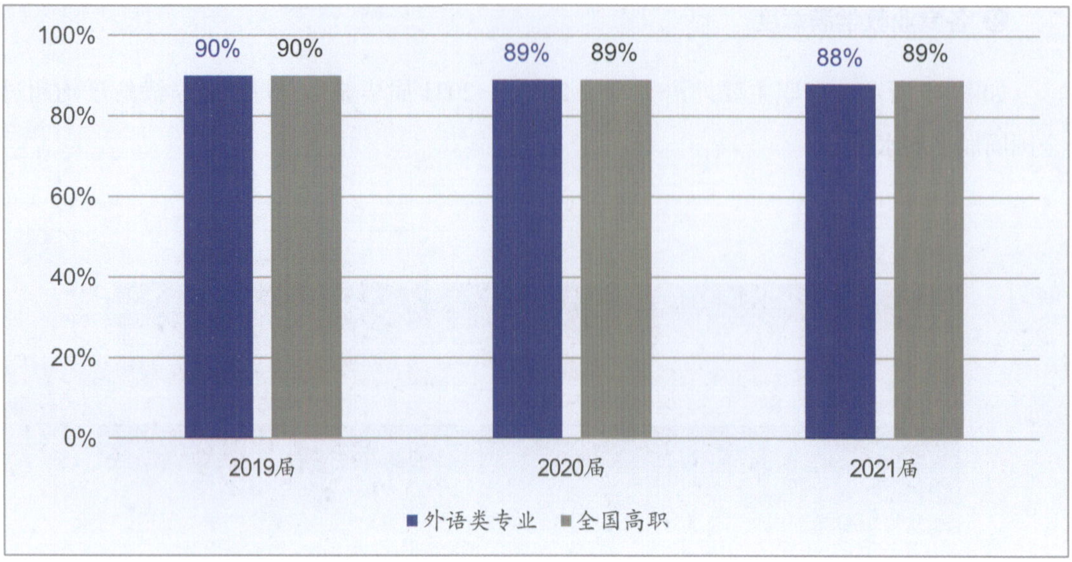

图 46　高职外语类专业 2019 ～ 2021 届毕业生和全国同届高职毕业生核心课程重要度统计图

如图 47 所示，高职外语类专业 2019 ～ 2021 届从事相关工作的毕业生对核心课程满足度的评价逐年上升，并在一定程度上高于全国同届。

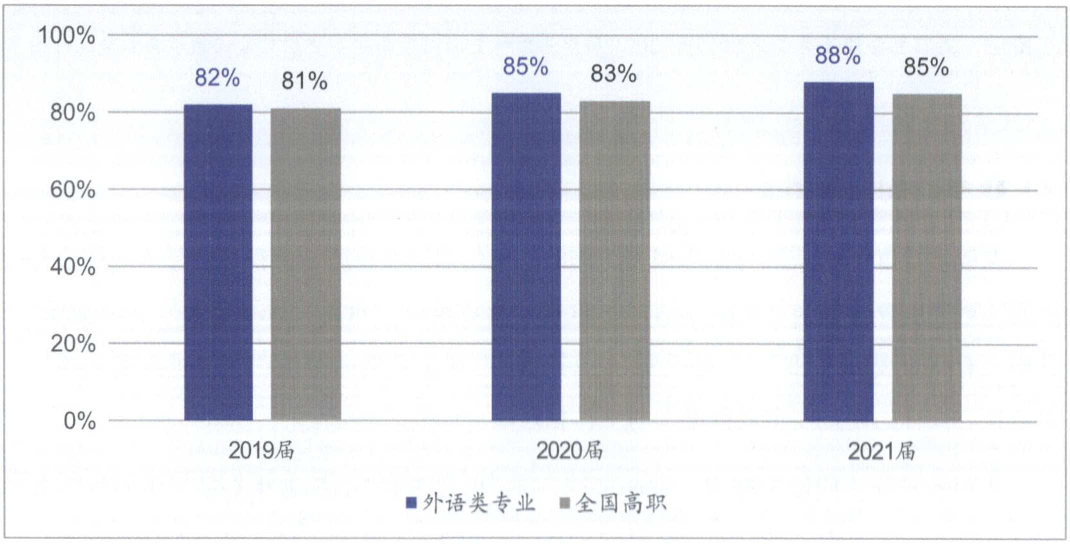

图 47　高职外语类专业 2019 ～ 2021 届毕业生和全国同届高职毕业生核心课程满足度统计图

❷ 各专业的核心课程有效性

如图 48 所示，高职主要外语类专业 2019 ～ 2021 届毕业生在对核心课程重要度和满足度的评价方面，英语教育专业毕业生均相对突出。

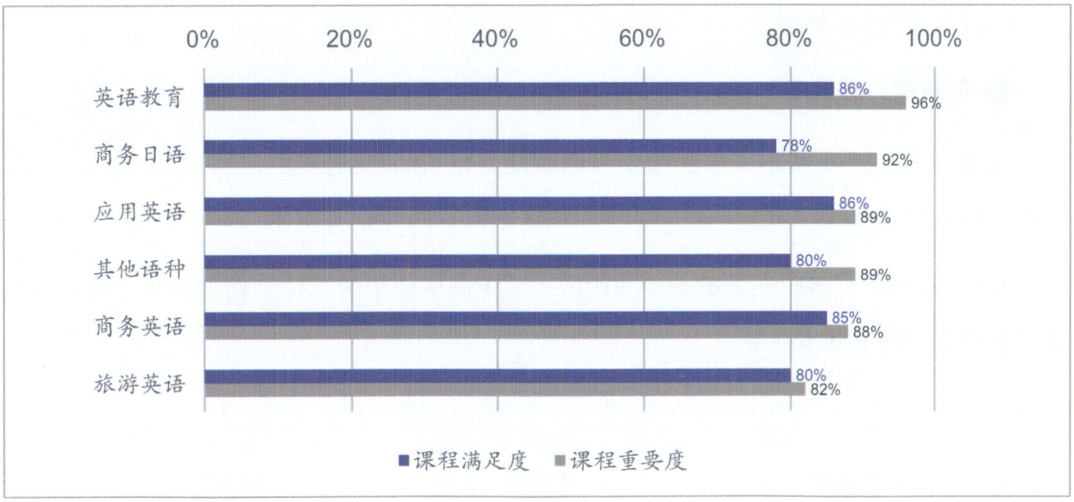

图 48　高职主要外语类专业 2019～2021 届毕业生核心课程重要度和满足度统计图（三届合并）

❸ 通识教育对职业发展的重要度及改进期待

通识教育：包括“社会科学类（如政治学、语言学、民族学、社会学等）”“人文科学类（如伦理学）”“自然科学类（如数学、天文学、农业科学等）”“工程技术类（如建筑工程、环境绿化工程、机器人等）”“公共艺术类（如艺术导论、音乐鉴赏、戏曲鉴赏等）”“综合素质类（如人际关系、经济与人生、职业素质等）”。

如图 49 所示，高职外语类专业 2018 届毕业生认为综合素质类通识教育对个人职业发展最重要，并且认为其需要加强的比例也最高。

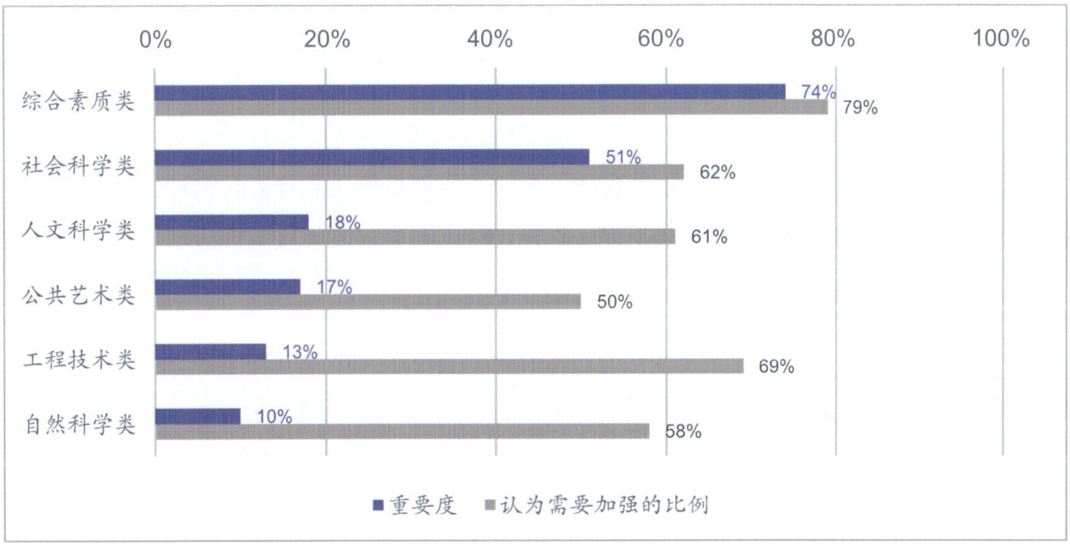

图 49　高职外语类专业 2018 届毕业生认为通识教育对职业发展的重要度及改进需求统计图

（3）创新创业分析

❶ 创新能力满足度

创新能力：35 项基本工作能力中与创新能力相关的包括科学分析、逻辑思维、积极学习、设计思维四项。

如图 50 所示，高职外语类专业 2019 ～ 2021 届毕业生的总体创新能力满足度保持稳定，并与全国同届基本持平。

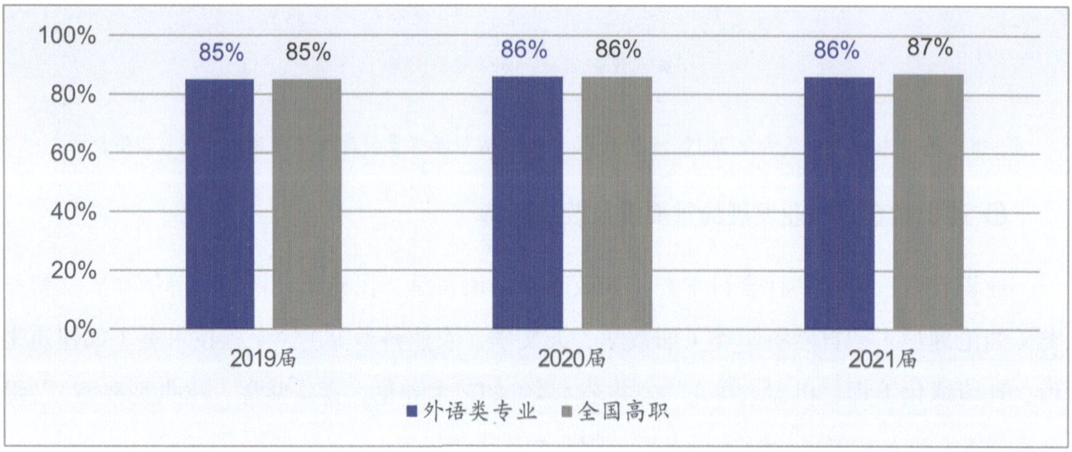

图 50　高职外语类专业 2019 ～ 2021 届毕业生和全国同届高职毕业生创新能力满足度统计图

❷ 创新创业教育开展情况

创新创业教育：指毕业生在校期间参加过的与创新创业有关的教育。包括“创业辅导活动”“创业教学课程”“创业竞赛活动”“创业实践活动”和“其他”，一个毕业生可以选择参加多项活动。

创新创业教育的有效性：毕业生选择了参加某类创新创业教育后，会评价该类教育对其工作或学习是否有帮助。创新创业教育的有效性 = 参加过该类教育并表示有帮助的人数 / 参加过该类教育的人数。

如图 51 所示，高职外语类专业 2021 届毕业生在校期间接受创新创业教育的比例相对较高，并高于全国同届。

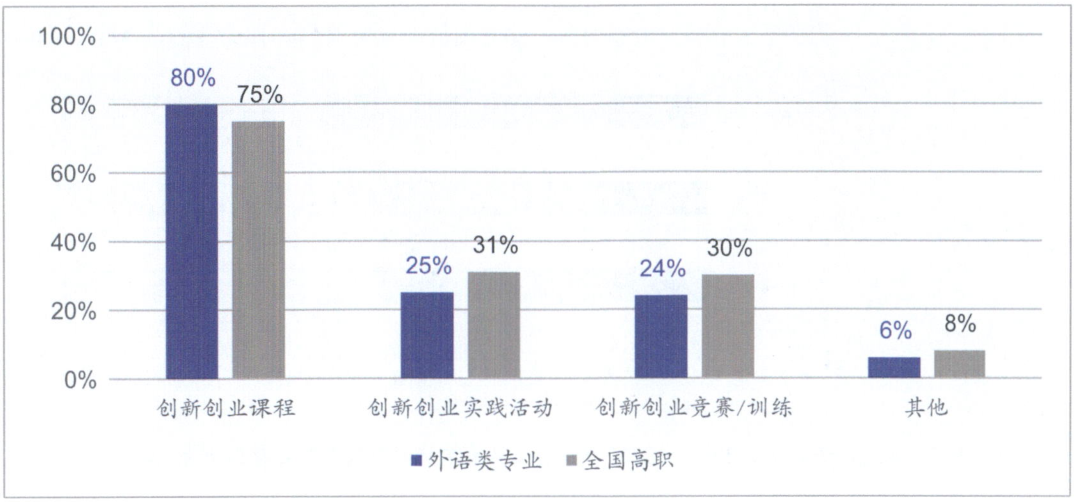

图 51　高职外语类专业 2021 届毕业生和全国同届高职毕业生接受学校创新创业教育情况统计图

如图 52 所示，高职外语类专业 2021 届毕业生认为学校创新创业教育对自己工作或学习有效的比例相对较高，但仍有提升空间。

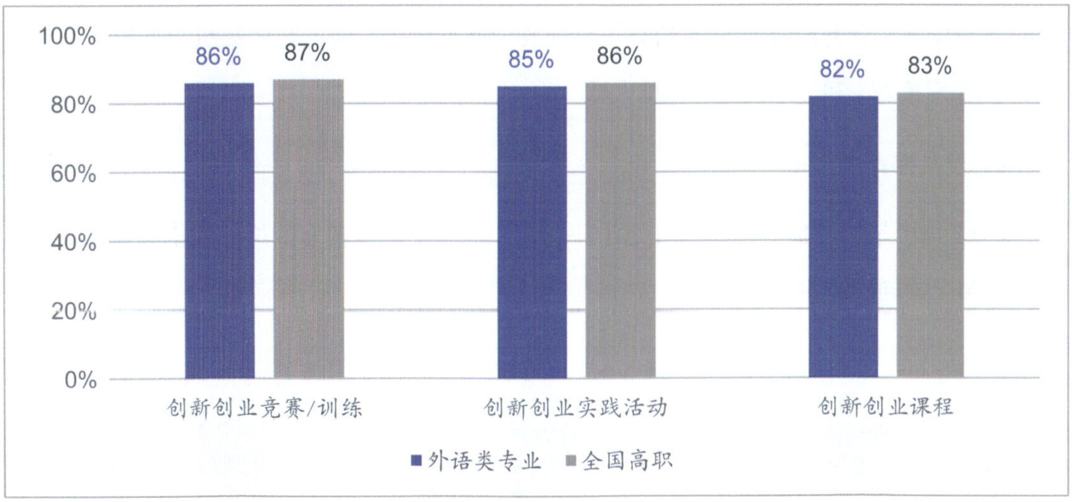

图 52　高职外语类专业 2021 届毕业生和全国同届高职毕业生学校创新创业教育有效度统计图

❸ 创业教育影响

创业教育影响：由毕业生评价母校创业教育对自身创业必备能力、创业基本知识、创业基本素养的影响程度，分为“非常有帮助”“有帮助”“有一点儿帮助”“没有帮助”。

如图 53 所示，高职外语类专业 2019 ～ 2021 届毕业生认为学校创新创业教育对自身创业基本素养的影响相对明显。

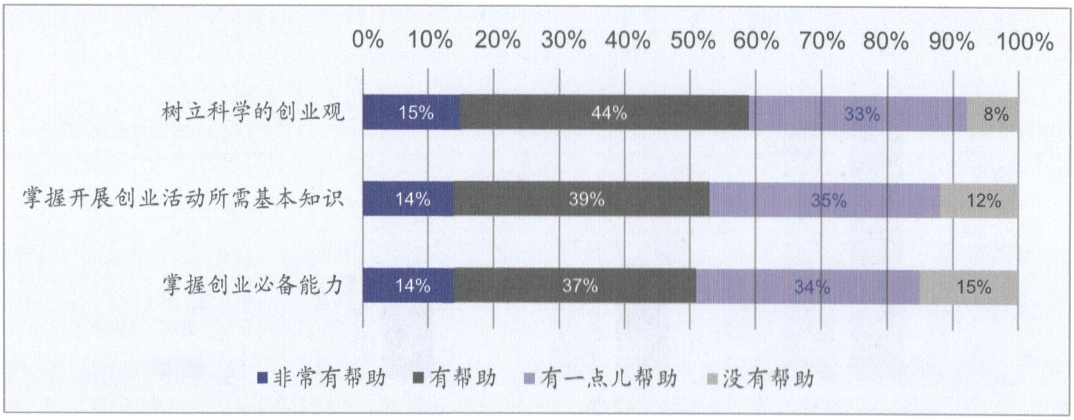

图 53　高职外语类专业 2019 ～ 2021 届毕业生认为学校创业教育对自身影响情况统计图

5. 在校反馈

（1）校友推荐度

校友推荐度：指在同等分数、同类型学校的条件下，毕业生愿意推荐母校给亲朋好友就读的比例。推荐度计算公式的分子是回答“愿意推荐”的人数，分母是回答“愿意推荐”“不愿意推荐”和“不确定”的总人数。

❶ 校友推荐度

如图 54 所示，高职外语类专业 2019 ～ 2021 届毕业生愿意推荐母校的比例稳中有升，近两届与全国同届持平。

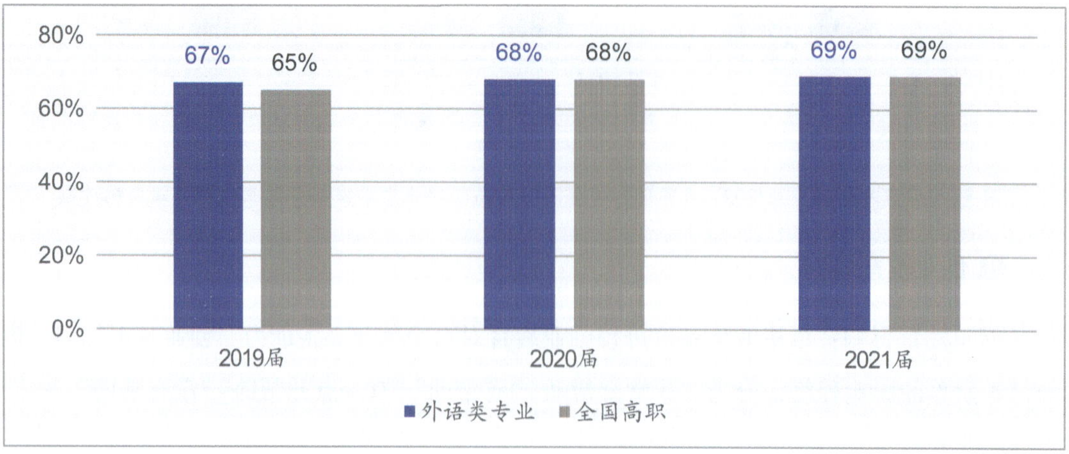

图 54　高职外语类专业 2019 ～ 2021 届毕业生校友推荐度统计图

❷ 各专业校友推荐度

如图 55 所示，如果以全国同届高职平均水平为标准，高职外语类各专业 2019 ～ 2021 届毕业生中，商务英语专业和其他语种专业毕业生对学校的推荐度相对较高。

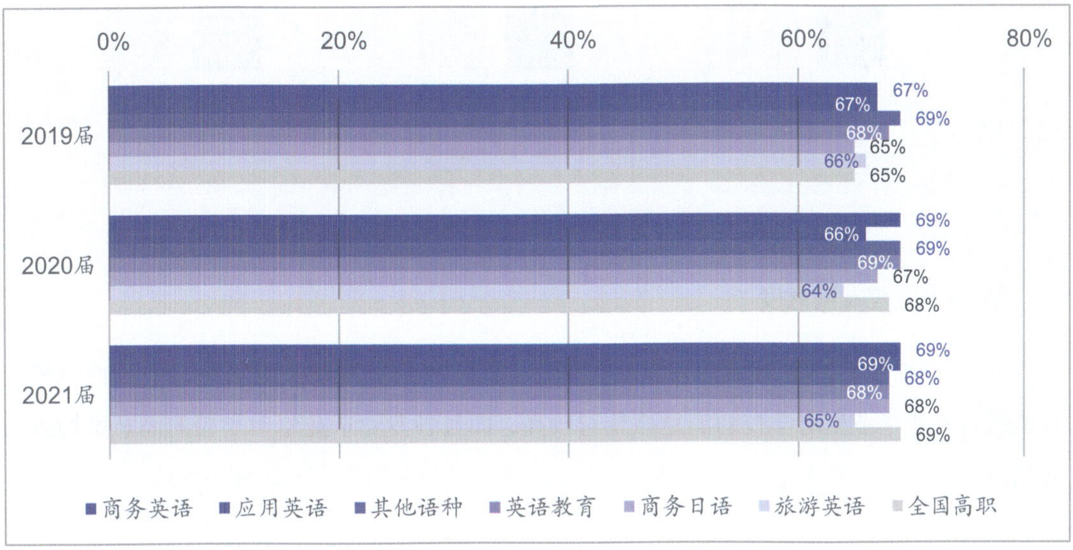

图 55　高职外语类各专业 2019 ～ 2021 届毕业生校友推荐度统计图

(2)校友满意度

校友满意度：由毕业生回答对母校的总体满意度，选项有“很满意”“满意”“不满意”“很不满意”“无法评估”5 项。其中，“满意”“很满意”属于满意范围，“不满意”“很不满意”属于不满意范围。对母校的总体满意度是回答在满意范围的人数百分比，计算公式的分子是回答在满意范围的人数，分母是参与调查的总人数。

❶ 校友满意度

如图 56 所示，高职外语类专业 2019 ～ 2021 届毕业生对母校的满意度保持稳定，并高于全国同届。

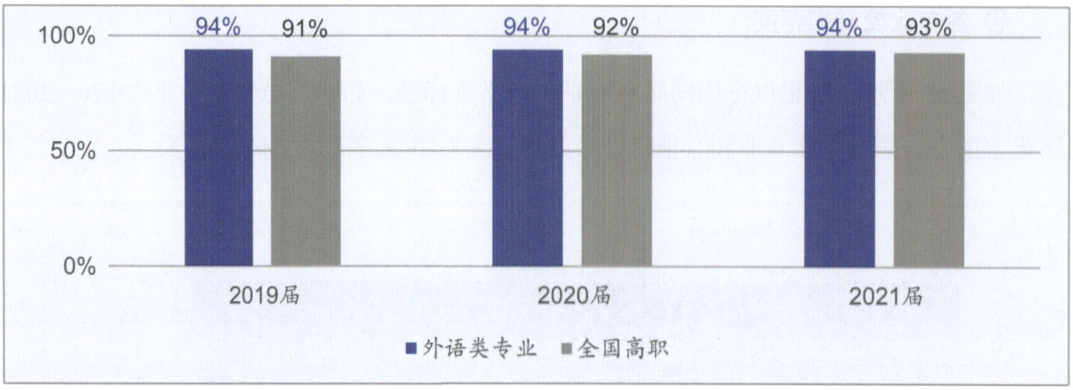

图 56　高职外语类专业 2019 ～ 2021 届毕业生校友满意度统计图

❷ 各专业校友满意度

如图 57 所示，高职外语类各专业 2019 ～ 2021 届毕业生中，应用英语、其他语种和英语教育专业毕业生对学校的满意度相对较高，而且各专业毕业生对学校的满意度均达到或超过全国同届。

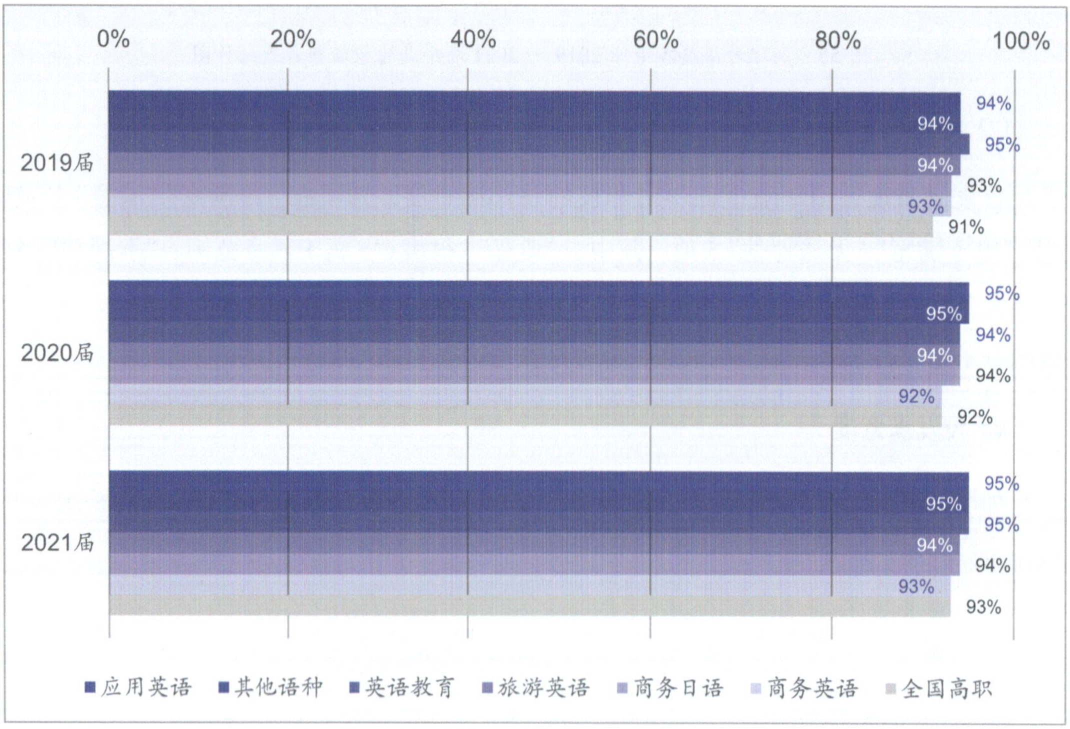

图 57　高职外语类各专业 2019 ～ 2021 届毕业生校友满意度统计图

三、技术报告

1. 项目背景与样本说明

（1）背景介绍

为了科学监测和评估高职外语类专业人才培养质量，持续构建教学基本状态数据库，完善质量监控与评估体系，改进教学，提升毕业生就业竞争力，作为第三方高等教育管理数据与解决方案专业机构的麦可思实施了本次高职外语类专业毕业生培养质量评价项目。麦可思负责项目的问卷设计、问卷跟踪、数据整理、数据分析和报告撰写。本项目特色在于：一是以覆盖各外语类专业的数据为基础，具有实证科学性；二是以毕业生为主体，以满足社会需求为依据（即学生本位、结果导向）评价高职外语类专业人才培养质量并提出改进建议；三是评价方是高校系统外的权威专业机构，具有第三方公信力和客观性；四是采用成熟的研究方法以及先进的跟踪评价与数据处理方法。本报告可为职业院校外语类专业的人才培养与改进提供较为全面的数据基础。

（2）样本说明

❶ 评价方式

分别向高职外语类专业毕业超过半年的2019～2021届毕业生、毕业超过三年的2018届毕业生以电子邮件方式发放问卷，两组的调查问卷不同。答卷人回答问卷，答题时间为10～30分钟。

❷ 样本覆盖情况

本研究包括两部分数据：

a. 2019～2021届毕业生毕业半年后的各项数据源自麦可思—中国《2019～2021届大学毕业生培养质量跟踪评价》。其中，高职外语类专业毕业生的有效样本分别为：2019届4603份、2020届4449份、2021届4493份，覆盖了英语教育、商务英语、应用英语、旅游英语、商务日语等16个专业。基于这些数据，后续分析了就业质量、培养目标与毕业要求达成、教学培养质量评价以及在校反馈等多项指标。

b. 2018届毕业生毕业三年后的相关数据来源于麦可思—中国《2018届大学毕业生三年后职业发展跟踪评价》。其中高职外语类专业毕业生的有效样本为692份，覆盖了英语教育、商务英语、应用英语、旅游英语、商务日语等 14 个专业。基于这部分数据分析了毕业三年后月收入与涨幅、职位晋升、平均雇主数、职业 / 行业变迁、专业课程设置合理度以及通识教育评价等指标。

2. 研究概况

（1）研究目的

本项目目的在于，了解高职外语类专业毕业生的培养质量与毕业要求达成、就业质量与发展、对教学培养以及在校体验的反馈，根据以下几方面的反馈，帮助院校发现专业培养过程中的问题并加以改进：

a. 毕业短期去向、就业人数、就业质量以及中期职业发展情况；

b. 毕业生的职业、行业和用人单位特点；

c. 毕业生在基本工作能力、核心知识方面的达成情况以及在校素养提升情况；

d. 毕业生对教学、课程以及创新创业教育效果的评价；

e. 毕业生对在校体验的反馈。

（2）研究框架和指标体系

本次研究框架和指标体系如图 58 所示。

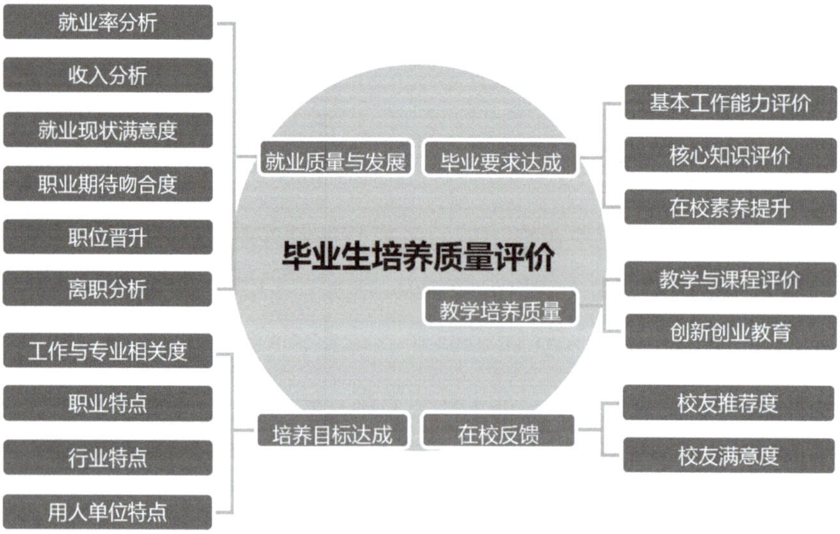

图 58　研究框架和指标体系示意图

四、高职西班牙语、俄语、日语类专业毕业生培养质量报告

1. 数据收集

（1）问卷收集情况

综合考虑专业人数、招生规模、招生周期等因素，本次报告选择了招生频次比较稳定、招生人数相对较多的西班牙语、俄语和日语（含商务日语、应用日语和旅游日语）等三个非英语语种，调查了2020届、2021届、2022届和2023届毕业生。调查以电子问卷的形式完成，收回问卷983份，剔除无效问卷47份，最终获得有效问卷936份。其中，西班牙语专业有效问卷175份、俄语专业有效问卷217份、日语类专业有效问卷544份。

（2）问卷设计

问卷主要由3部分构成，在每一部分中，设有不同的一级问题，部分一级问题下设有二级问题，整体构成情况如表5所示。

表5　高职非英语类专业2020～2023届毕业生培养质量调查问卷构成表

部分	一级问题	二级问题
就业情况	薪资水平	-
	毕业去向	
	就业单位特点	工作所在地
		单位性质
		单位规模
		与“一带一路”倡议的相关性
		国际业务开展情况
	专业与工作匹配度	-
	工作是否符合职业期待	
	是否有晋升经历	
	是否有离职经历	

（续表）

部分	一级问题	二级问题
升学情况	升学人数占比	-
	升学必要性评价	
	升学重要性评价	
教育教学评价	职业教育认可度评价	-
	教育教学综合评价	
	课内外教学活动评价	
	教学满意度评价	
	课程内容评价	
	创新创业与数字素养教育专项调查	

（3）主要结论

❶ 毕业生就业形势整体良好

3 个语种专业的毕业生就业情况整体良好。

80% 的毕业生处于工作、自由职业以及升学等不同状态，仅有 10% 左右的毕业生处于无工作状态。日语类专业毕业生“工作”的比例最高，达 71.71%。俄语专业毕业生虽然“工作”比例最低，但升学占比最高，“读本科”和“准备升学”的人数占比分别为 28.57% 和 5.24%。

俄语和日语类专业毕业生的平均薪资超过 5000 元 / 月。

毕业生大部分在省会城市、地级市以及县级市或县城工作。

虽然入职单位的性质比较多元，但在民营企业工作的人数较多，在政府机构以及中外合资企业就业的人数较少。

入职单位集中在 50 人以下和 51 ～ 300 人区间，这两个区间占比超过 50%，在 300 人以上单位就业的毕业生较少。

一半以上毕业生在从事与“一带一路”倡议直接或者间接相关的工作，可见，“一带一路”倡议利好相关语种毕业生。

毕业生所在单位不论规模、性质等，大都有国际业务，无国际业务的单位占比低于30%。

多数学生所学专业与所从事的工作之间专业对口。多数学生认为工作“完全符合”或“基本符合”他们的职业期待。

在工作岗位上，有过晋升经历的毕业生总体较少，还有将近一半的毕业生有过离职的经历。

在工作难度方面，毕业生的反馈大体一致，认为“很难”的比例分别为13.02%、13.04%与12.41%；认为“有一定难度”的分别为69.82%、67.15%与66.92%；认为“不难”的分别为14.79%、16.91%与16.92%。

❷ 毕业生升学意愿较强烈

在升学意愿方面，俄语专业中，33.81%的毕业生有升学意愿，西班牙语和日语类专业均为13%。

在升学必要性方面，俄语专业毕业生认为“升学很有必要”的比例为63.29%，是三个语种中占比最高的。

❸ 毕业生对职业教育及教学综合评价良好

在对职业教育的认可度方面，毕业生的选择主要集中在“非常认可”与“比较认可”两个选项上。由此可知，毕业生对职业教育的认可度整体较高。

对学校教学的综合满意度方面，三个语种的毕业生选择“满意”的占比均超过80%，可见对学校教学情况整体比较满意。

在课程设置方面，毕业生们表示在“专业课程”“通识课程”“创新创业教育”以及“实习实训”几个方面“有较大帮助”。

毕业生对学校师资水平、教学内容以及教学设施的评价也比较积极，各语种毕业生中，持“很满意”“满意”观点的人数占比都在80%左右。

毕业生对课程内容的理论价值与应用价值、跨学科知识融合、前沿知识融汇以及数字教学资源应用等方面也表示“很满意”或者“满意”，整体占比均为70%左右。

学校创新创业教育以及数字素养教育开展情况较好，60%以上的毕业生表示学校曾举办过创新创业活动，这表明职业院校在积极践行产教融合的相关政策。50% 左右的毕业生表示接受过数字素养教育，但俄语和日语类专业仍有 30% 以上的毕业生不了解数字素养相关概念，可见，未来还需要在这一方面持续改进。

2. 主体报告

（1）就业情况

❶ 薪资水平

如图 59 所示，俄语专业毕业生的平均月薪最高，日语类专业次之，西班牙语专业毕业生的薪资水平在三个专业中最低。

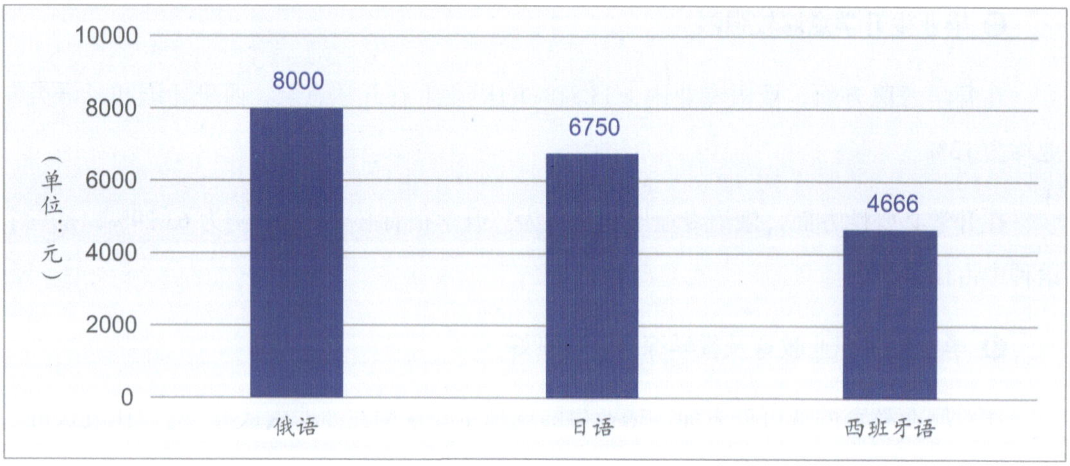

图 59　高职西班牙语、俄语、日语类专业 2020 ～ 2023 届毕业生平均月薪统计图

❷ 毕业去向

如图 60 所示，三个语种专业毕业生最主要的去向是工作，尤其是日语类专业和西班牙语专业，超过三分之二的毕业生都选择了工作，表明当前就业市场对这两个语种专业人才的需求度较高。自由职业也是一个重要去向，在三个语种中都有相对突出的表现。读本科和准备升学的比例在各语种中有不同程度的分布，俄语专业占比最高，表明俄语专业毕业生的升学意愿相对更强。

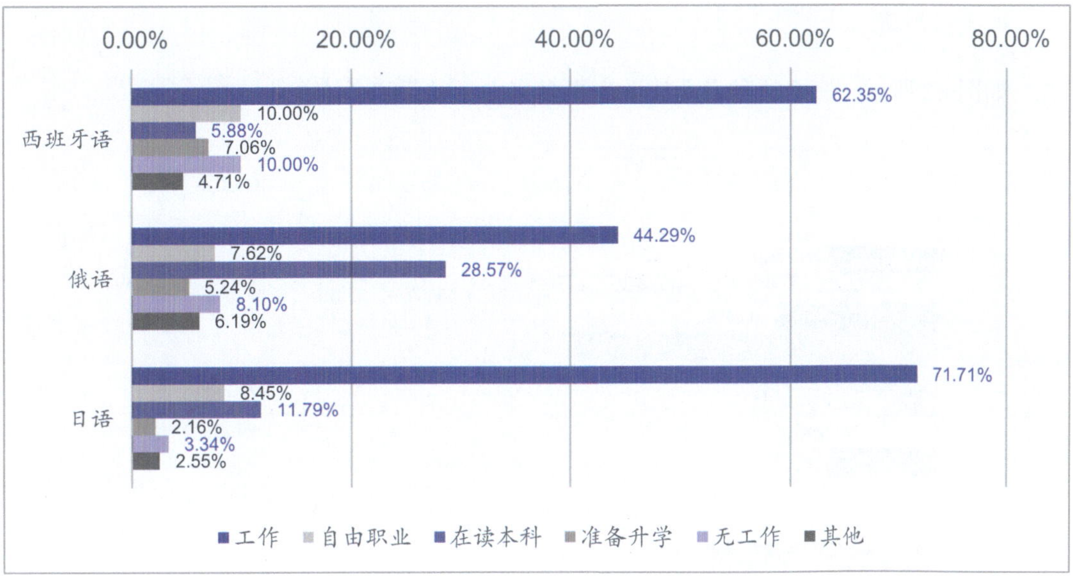

图 60　高职西班牙语、俄语、日语类专业 2020 ～ 2023 届毕业生毕业去向统计图

❸ 就业单位特点

a. 工作所在地

如图 61 所示，日语类专业毕业生更多集中于大城市和省会城市；西班牙语专业毕业生更多分布在县级市或县城；俄语专业毕业生分布较为均衡。

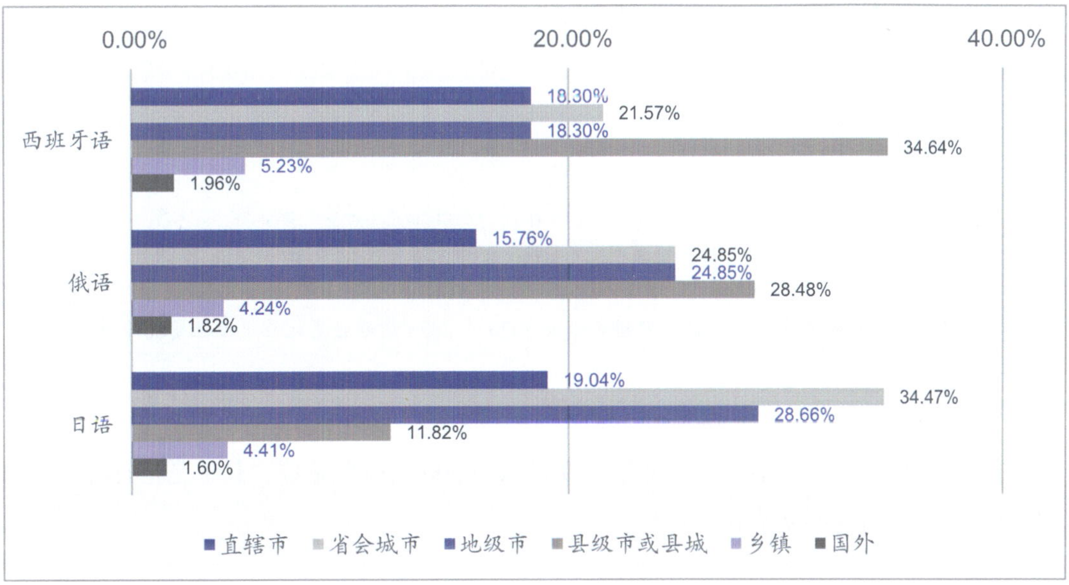

图 61　高职西班牙语、俄语、日语类专业 2020 ～ 2023 届毕业生就业单位所在地统计图

b. 单位性质

如图 62 所示，三个语种专业毕业生更多集中于民营和个体企业。

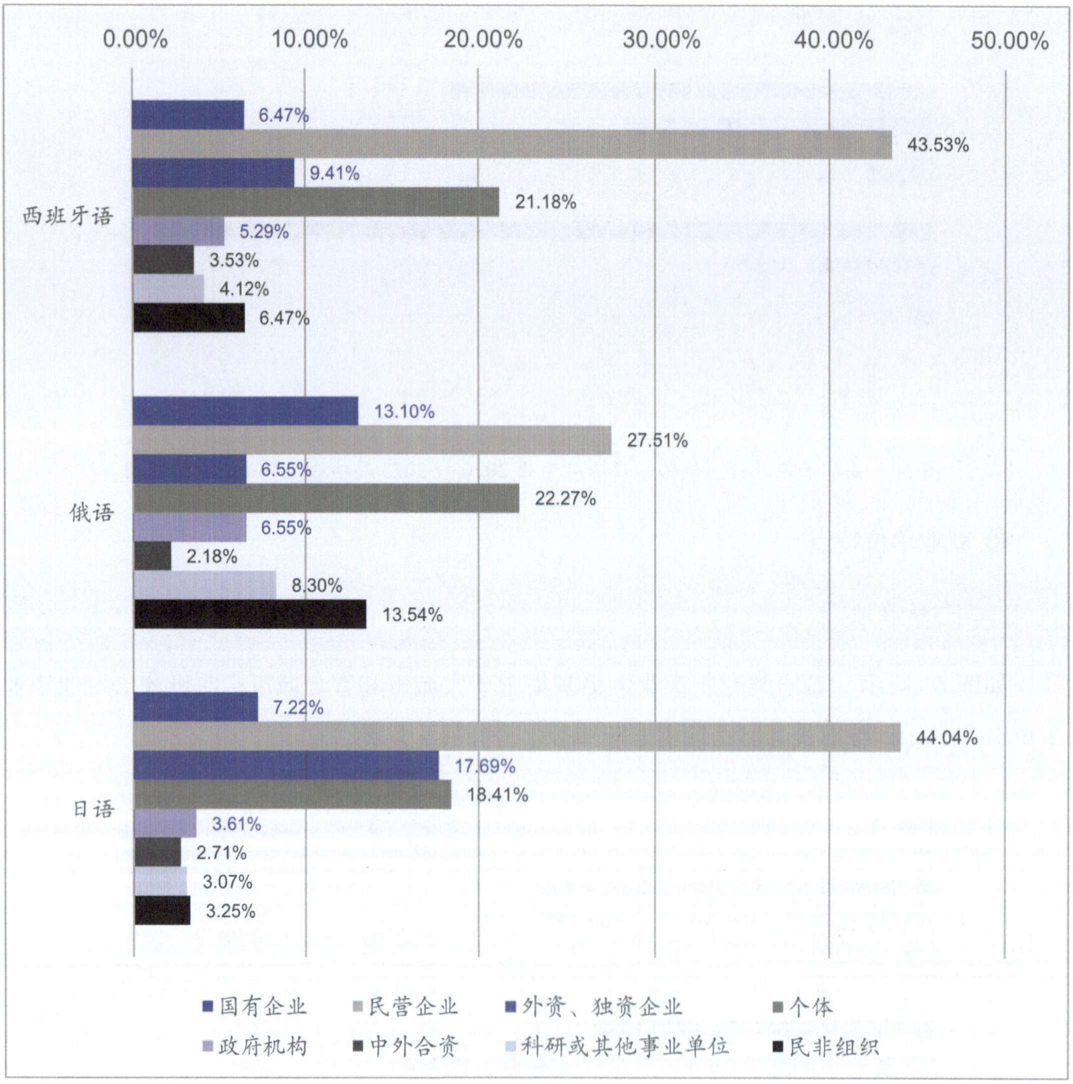

图 62　高职西班牙语、俄语、日语类专业 2020 ～ 2023 届毕业生就业单位性质统计图

c. 单位规模

如图 63 所示，三个语种的毕业生主要进入了 300 人以下单位，其中更是有近一半的毕业生在 50 人以下小规模单位工作。

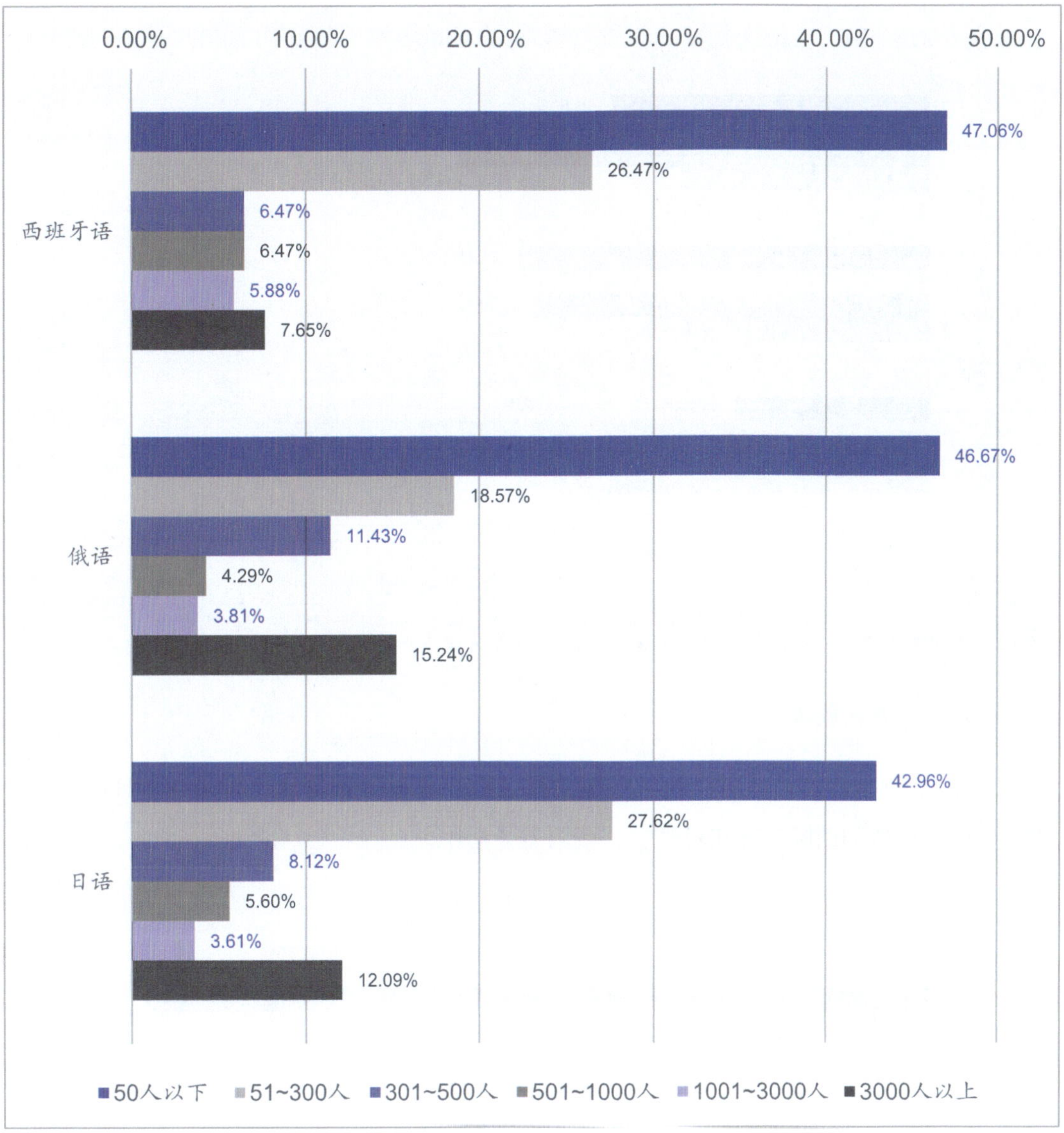

图 63　高职西班牙语、俄语、日语类专业 2020 ～ 2023 届毕业生就业单位规模统计图

d. 与“一带一路”倡议的相关性

如图 64 所示，在工作与“一带一路”倡议相关性方面，三个语种都有至少一半毕业生的工作与之有关。其中，直接相关性方面，俄语专业毕业生的比例最高，日语类专业最低。间接相关性方面，三个语种都有近四成毕业生的工作与之有关。此外，认为不相关和不了解的比例在三个语种中都超过了三成，建议学校在未来可以考虑加强相关职业规划指导，帮助学生更好地理解和把握“一带一路”倡议带来的就业机会，提升其职业竞争力和发展潜力。

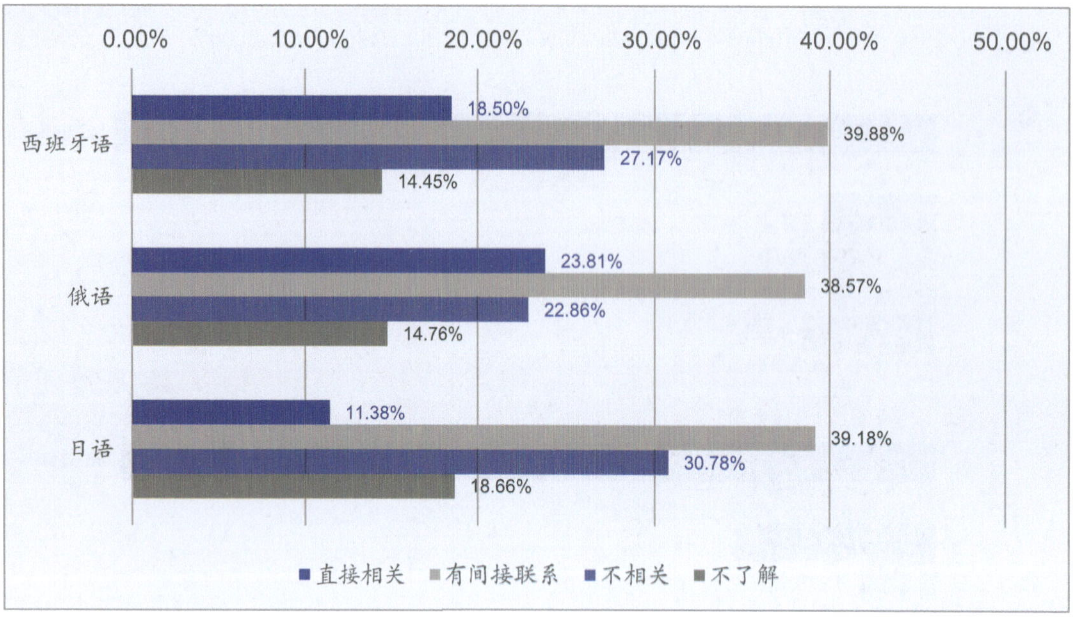

图 64　高职西班牙语、俄语、日语类专业 2020 ～ 2023 届毕业生工作与“一带一路”倡议相关性统计图

e. 国际业务开展情况

如图 65 所示，西班牙语专业毕业生在有国际业务单位就业的比例最高，日语类专业毕业生就业单位的国际业务相对较少，俄语专业居中。

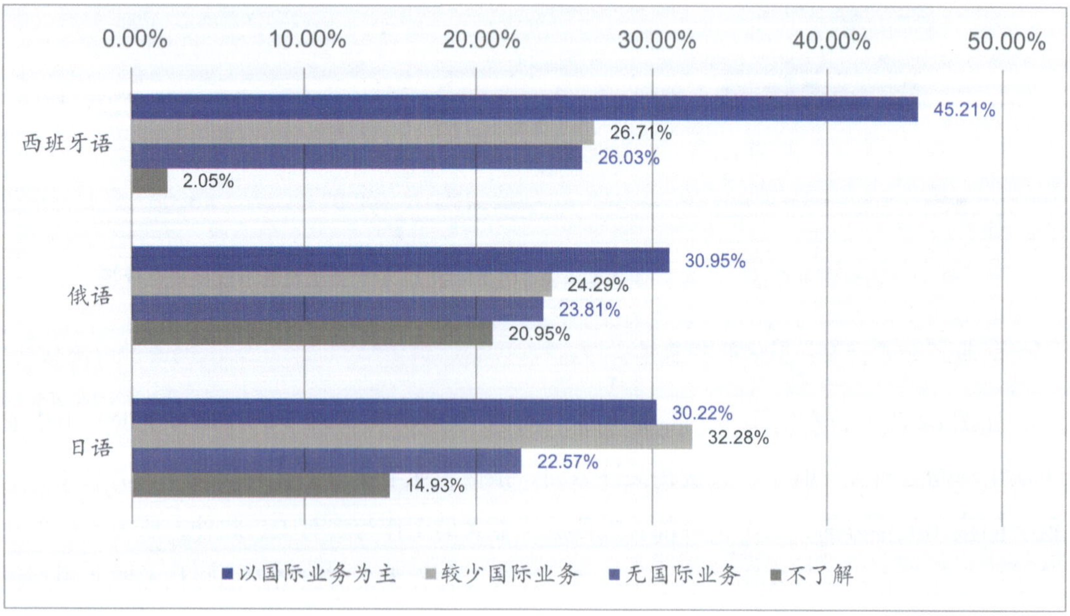

图 65　高职西班牙语、俄语、日语类专业 2020 ～ 2023 届毕业生工作单位国际业务情况统计图

❹ 专业与工作匹配度

如图 66 所示，俄语专业完全对口就业比例最高，西班牙语专业的这一比例最低，日语类专业居中。俄语专业的完全不对口就业比例最高，西班牙语和日语类专业的这一比例相近。

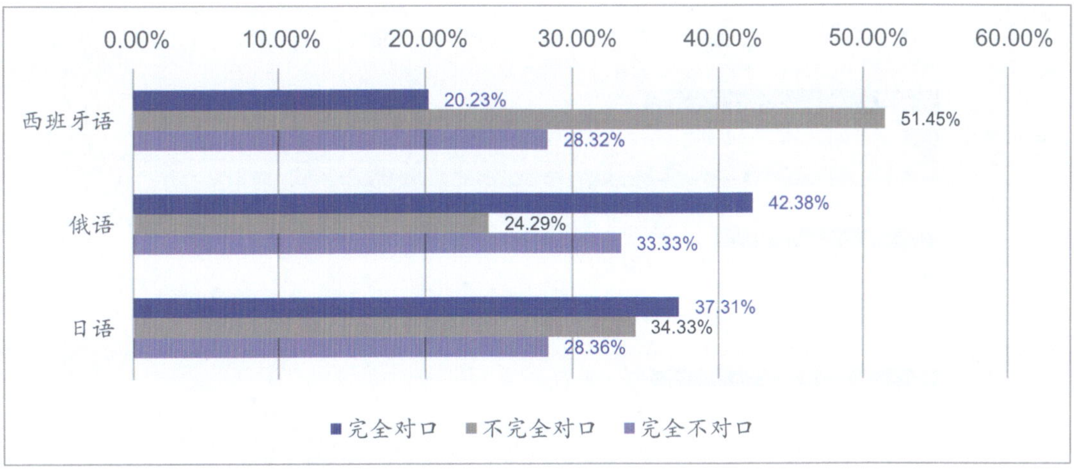

图 66　高职西班牙语、俄语、日语类专业 2020 ～ 2023 届毕业生所学专业与就业对口度统计图

❺ 工作是否符合职业期待

如图 67 所示，三个语种中，超六成毕业生认为自己当前的工作基本符合职业期待，表明三个语种专业的毕业生普遍对当前工作持较为满意的态度；但仍有相当一部分毕业生认为不符合，特别是俄语专业毕业生。

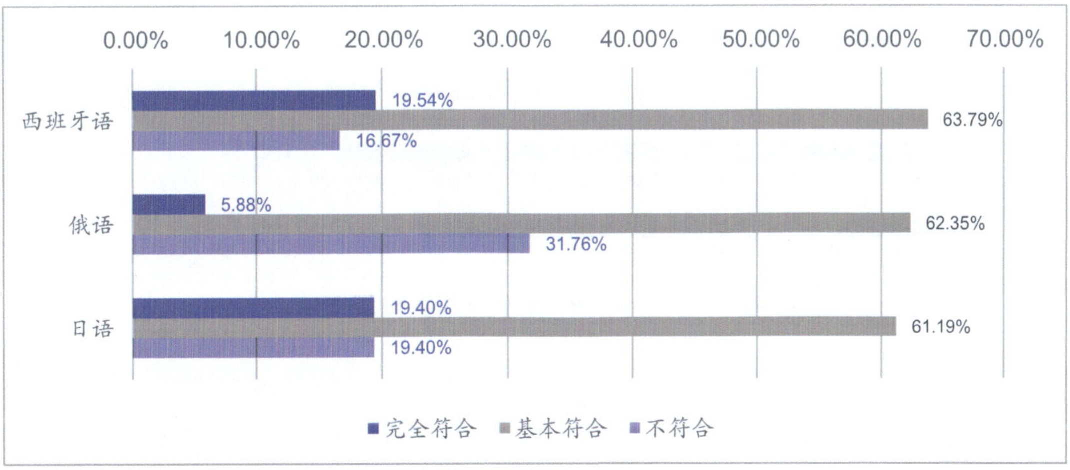

图 67　高职西班牙语、俄语、日语类专业 2020 ～ 2023 届毕业生对当前工作职业期待度统计图

❻ 是否有晋升经历

如图 68 所示，三个语种专业的毕业生中，绝大部分当前还没有获得过晋升；在获得晋升的毕业生中，晋升 1 次的人最多，其中，日语和西班牙语都有近三成的比例，俄语专业的这一比例为两成左右。

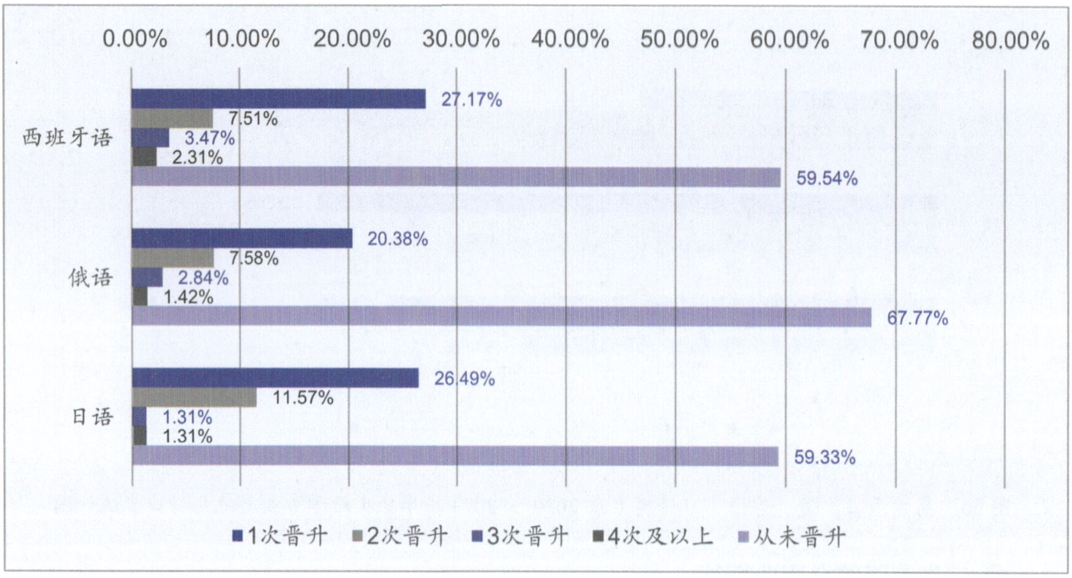

图 68　高职西班牙语、俄语、日语类专业 2020 ～ 2023 届毕业生晋升情况统计图

❼ 是否有离职经历

如图 69 所示，三个语种都有一半左右的毕业生有过离职经历。其中，日语类专业离职率最高，俄语专业离职率最低。

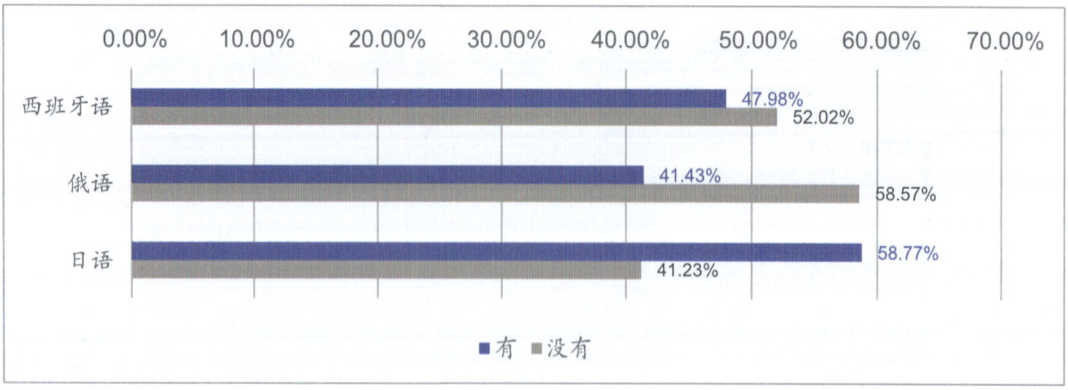

图 69　高职西班牙语、俄语、日语类专业 2020 ～ 2023 届毕业生离职经历统计图

❽ 升学情况

a. 以升学为目标的学生比例

如图 70 所示，俄语专业毕业生在升学方面的积极性最高，西班牙语和日语类专业的毕业生则相对较低。

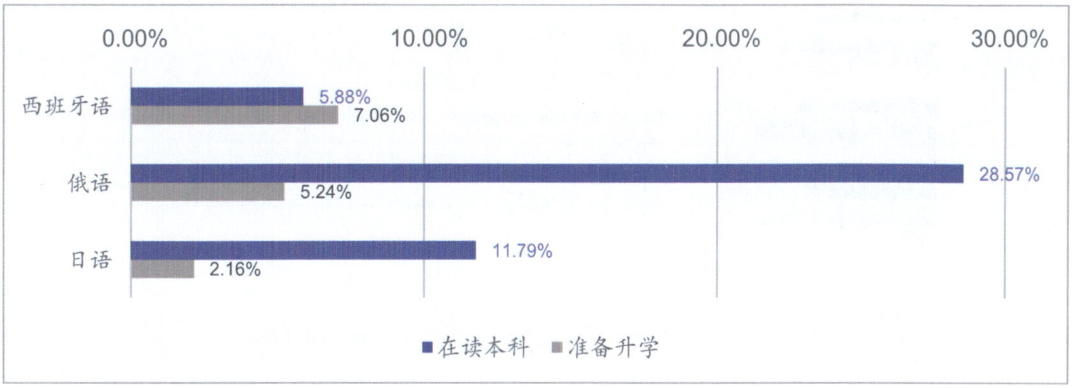

图 70　高职西班牙语、俄语、日语类专业 2020 ～ 2023 届毕业生升学情况统计图

b. 升学必要性评价

如图 71 所示，俄语专业毕业生对进一步深造的需求最为迫切，日语类专业次之，西班牙语专业最低。三个语种中，认为升学“没有必要”的比例均较低。

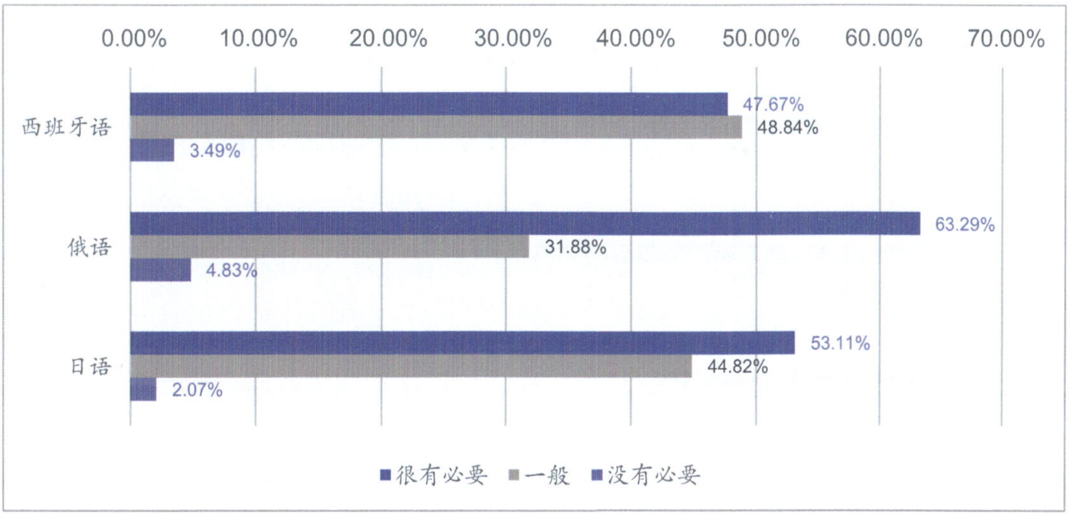

图 71　高职西班牙语、俄语、日语类专业 2020 ～ 2023 届毕业生升学必要性认知情况统计图

c. 工作难度评价

如图 72 所示，三个语种中，都有近七成的毕业生认为工作有一定难度，这表明大部分毕业生在进入职场后，需要一定的适应和学习过程。

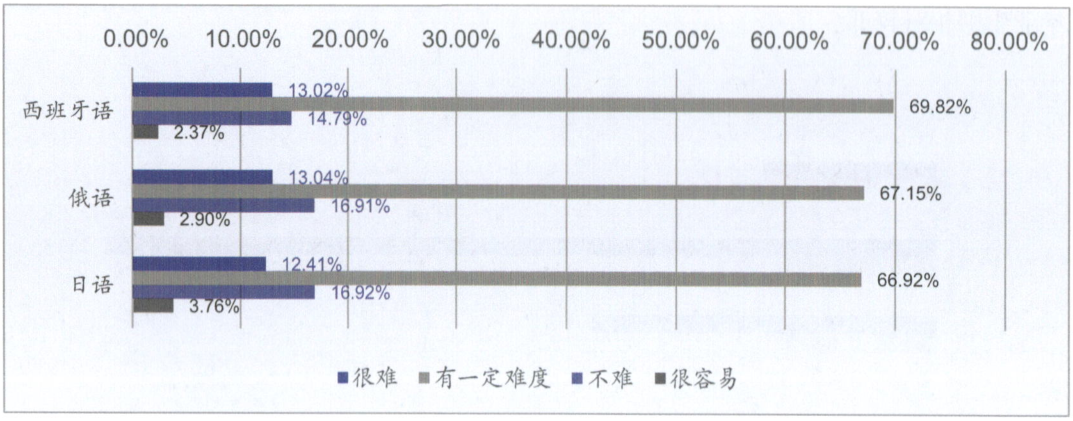

图 72　高职西班牙语、俄语、日语类专业 2020 ～ 2023 届毕业生工作难度认知情况统计图

（2）教育教学评价

❶ 职业教育认可度

如图 73 所示，三个语种的大多数毕业生对职业教育持正面评价，其中，俄语专业毕业生的认可度最高。

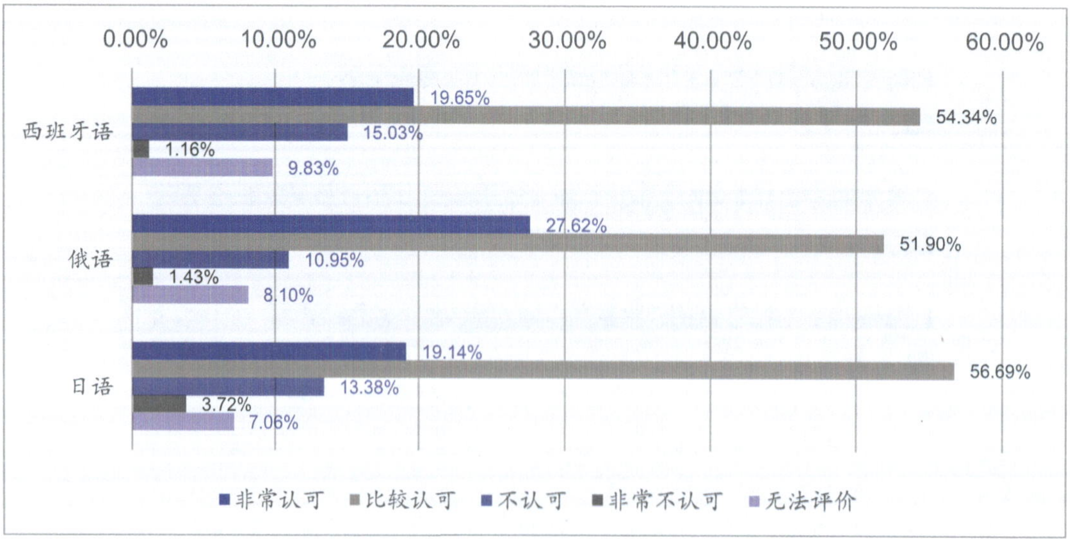

图 73　高职西班牙语、俄语、日语类专业 2020 ～ 2023 届毕业生职业教育认可度统计图

❷ 教育教学综合评价

教育教学综合评价表示毕业生对学校教学育人的满意程度。如图 74 所示，三个语种专业毕业生对母校的教学育人工作都较为满意，整体评价良好。

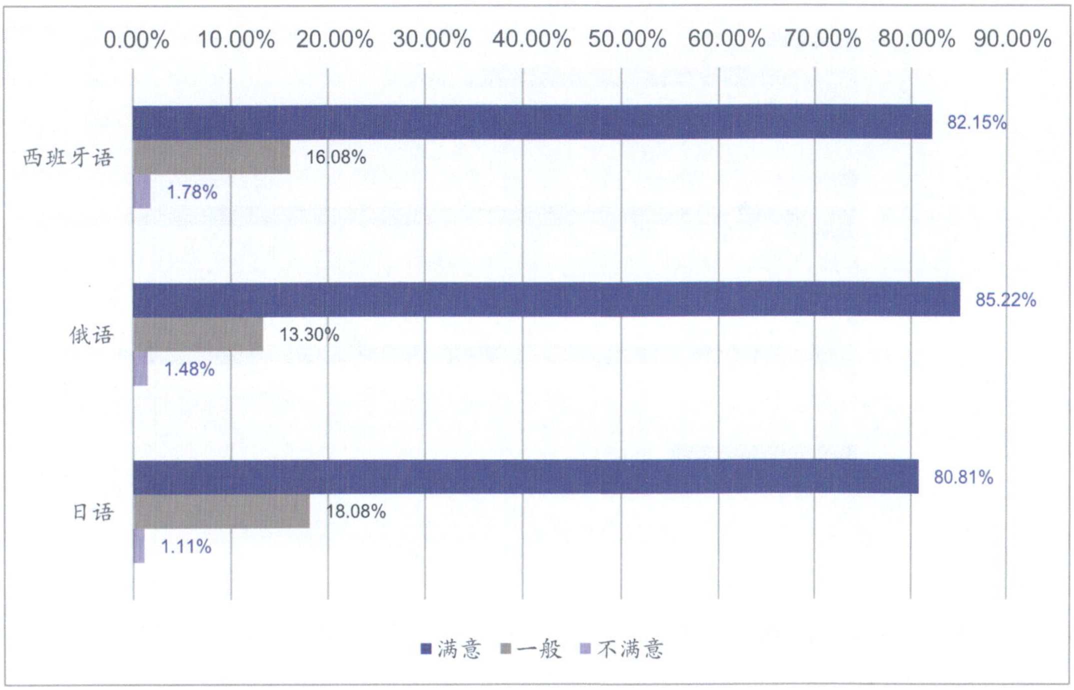

图 74　高职西班牙语、俄语、日语类专业 2020 ～ 2023 届毕业生对母校教育教学综合评价情况统计图

（3）课内外教学活动评价

❶ 西班牙语专业

如图 75 所示，高职西班牙语专业 2020 ～ 2023 届毕业生对学校课内外活动评价整体良好。认为专业课、创新创业教育、实习实训活动对自己“有较大帮助”的均在 75% 以上。认为通识课、校园文化活动“有较大帮助”的占比均在 40% 以上。

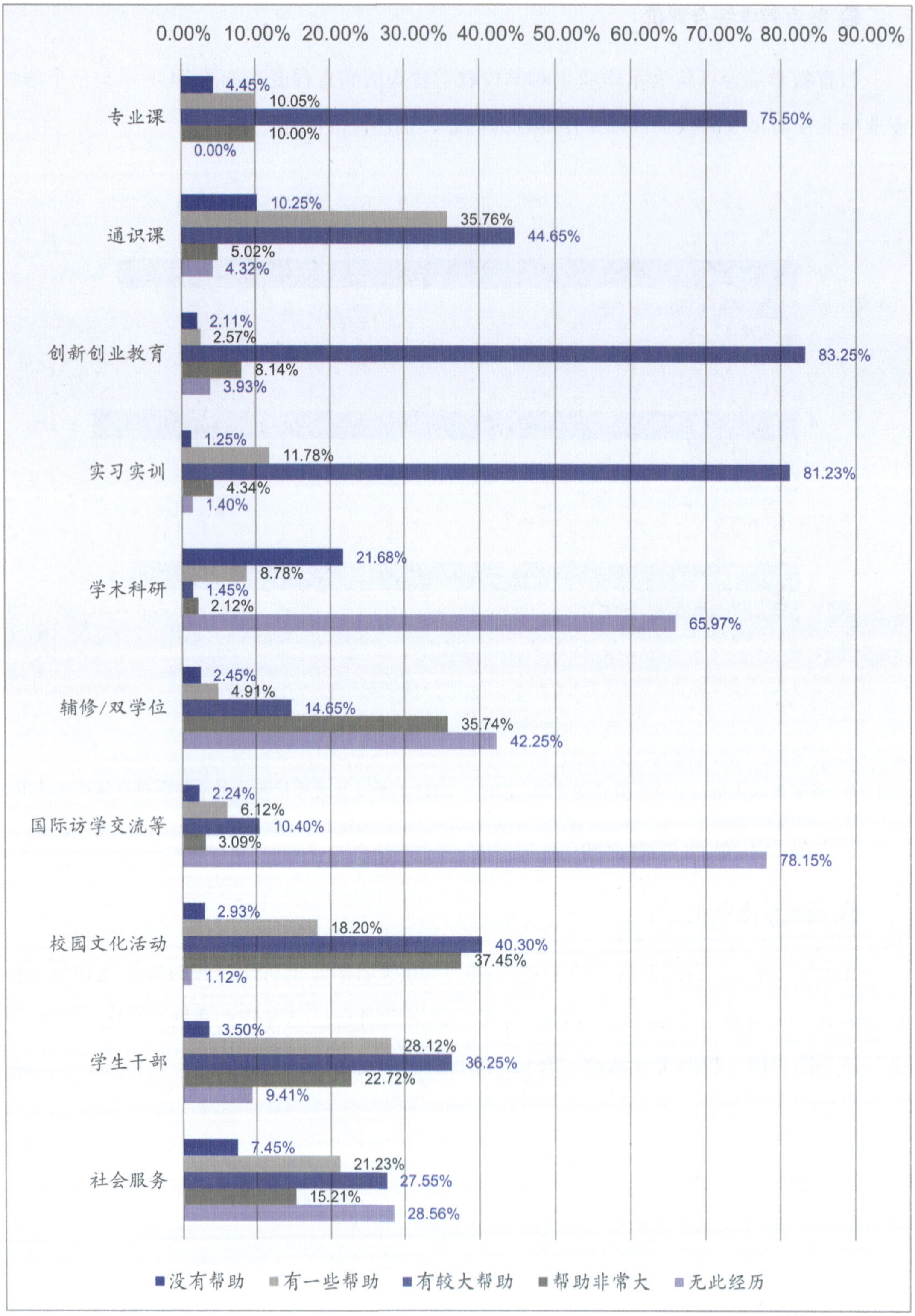

图 75 高职西班牙语专业 2020 ～ 2023 届毕业生对学校课内外活动评价情况统计图

❷ 俄语专业

如图 76 所示，高职俄语专业 2020 ～ 2023 届毕业生对学校课内外活动评价整体良好。大部分毕业生认为学校专业课、通识课、创新创业教育、实习实训、校园文化活动等对自己“有一些帮助”“有较大帮助”，甚至“帮助非常大”。

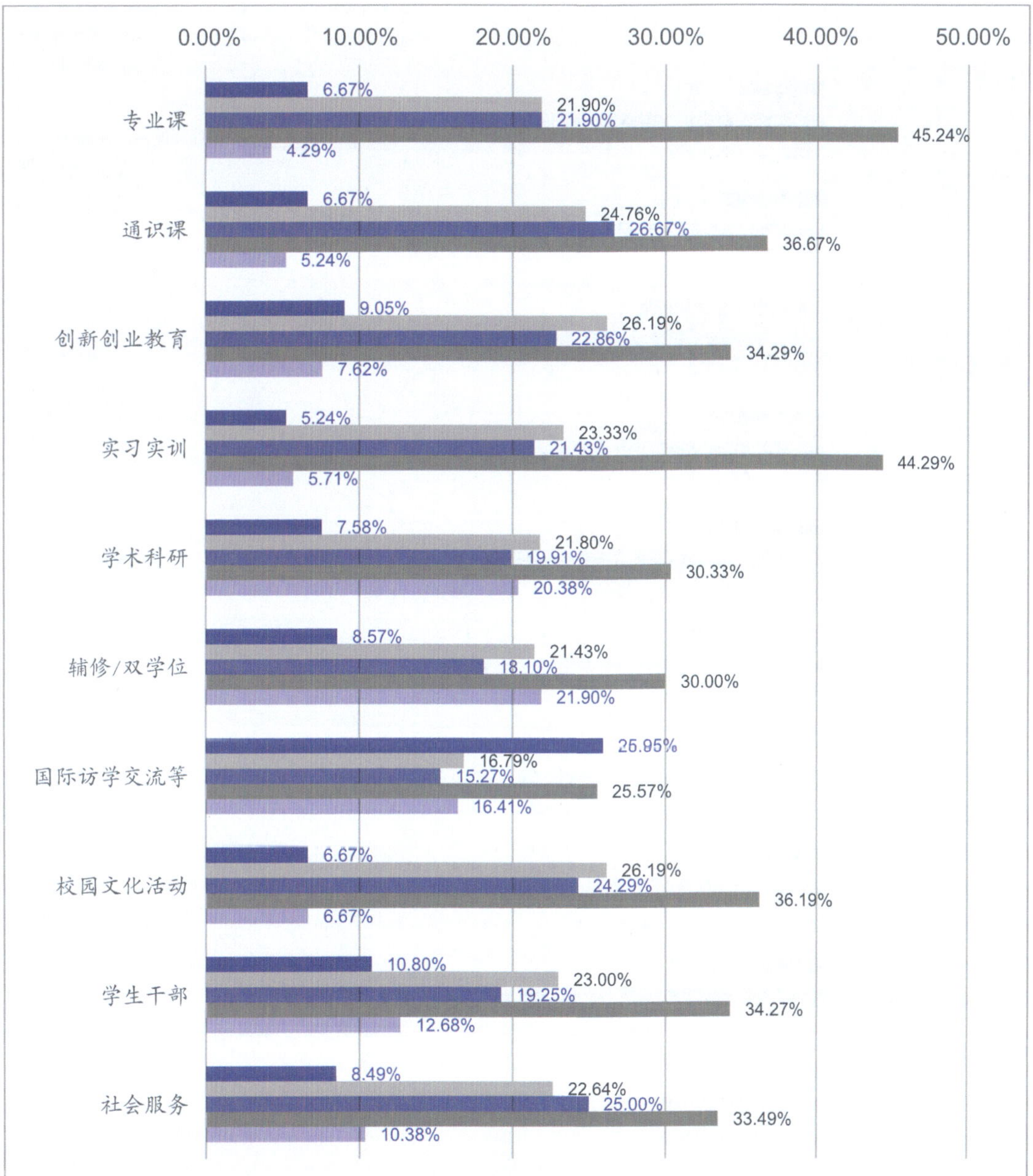

图 76　高职俄语专业 2020 ～ 2023 届毕业生对学校课内外活动评价情况统计图

❸ 日语类专业（商务日语、应用日语、旅游日语）

如图 77 所示，高职日语类专业 2020 ～ 2023 届毕业生对学校课内外活动的评价整体良好，除“辅修 / 双学位”外，在其他所有指标的选择上，选“有一些帮助”“有较大帮助”“帮助非常大”的最为集中，三项累计评价均在 70% 以上。

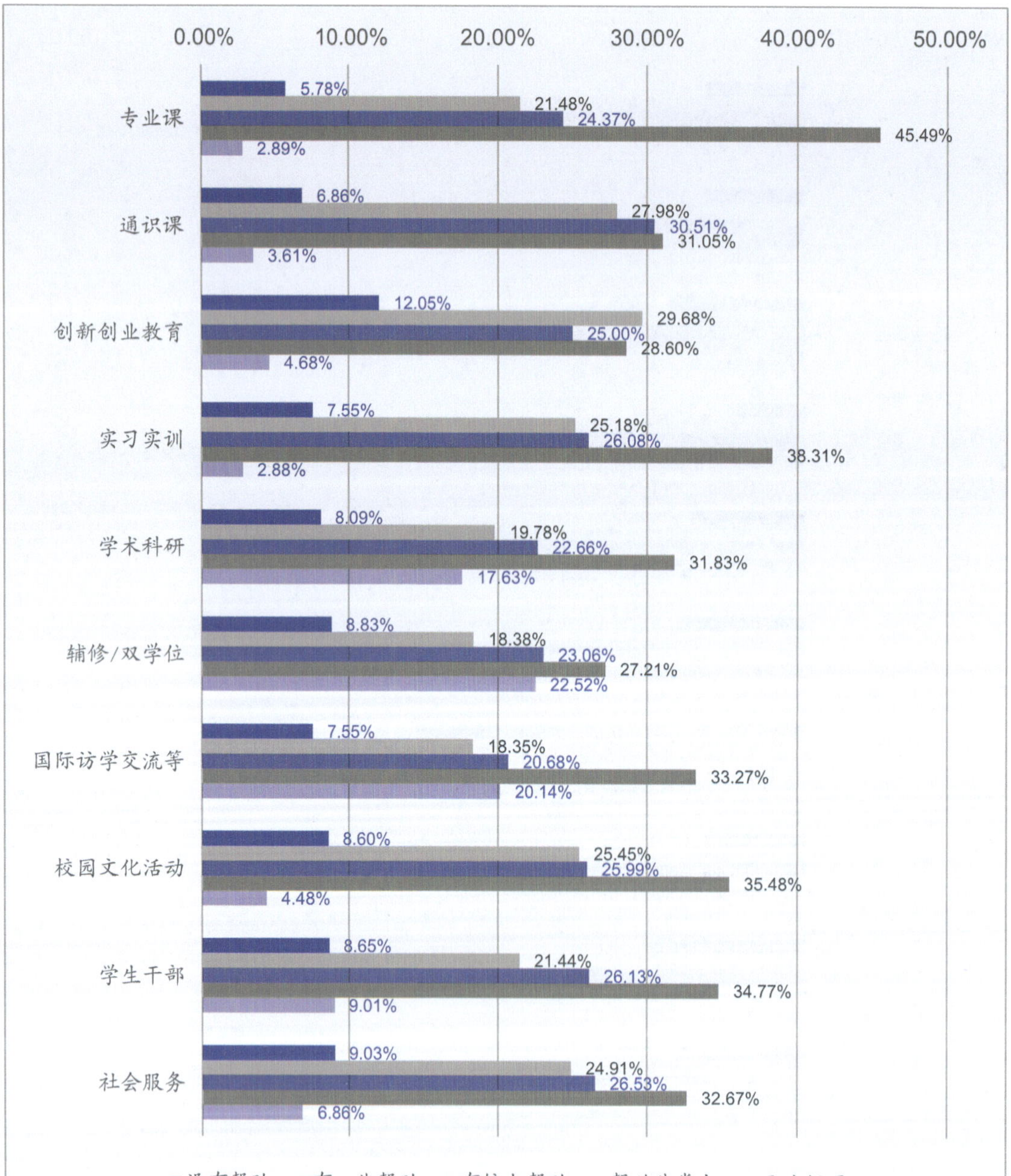

图 77　高职日语类专业 2020 ～ 2023 届毕业生对学校课内外活动评价情况统计图

（4）教学满意度

❶ 西班牙语专业

如图 78 所示，高职西班牙语专业 2020 ～ 2023 届毕业生对学校教学整体评价良好，选择“很满意”和“满意”的毕业生合计比例均在 80% 左右。尽管总体满意度较高，但仍有部分毕业生持中立或不满意的态度，预示学校未来还应在相关方面持续改进。

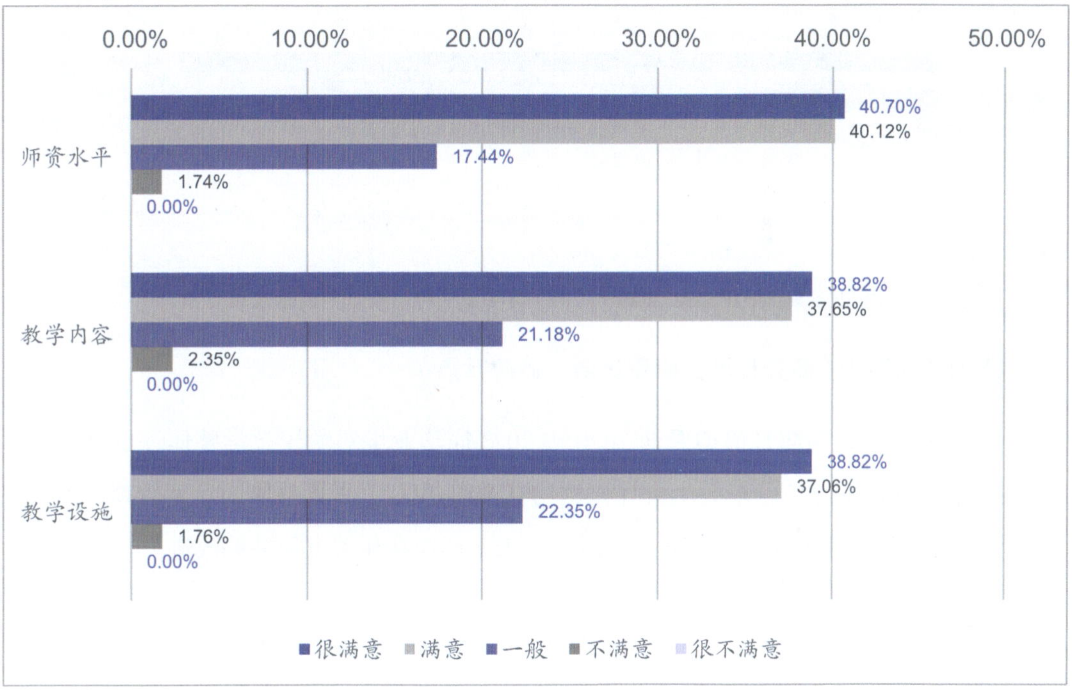

图 78　高职西班牙语专业 2020 ～ 2023 届毕业生对学校教学满意度统计图

❷ 俄语专业

如图 79 所示，高职俄语专业 2020 ～ 2023 届毕业生对学校教学整体评价良好，选择“很满意”和“满意”的毕业生合计比例均超过 80%。尽管总体满意度较高，但仍有部分毕业生持中立或不满意的态度，预示学校未来还应在相关方面持续改进。

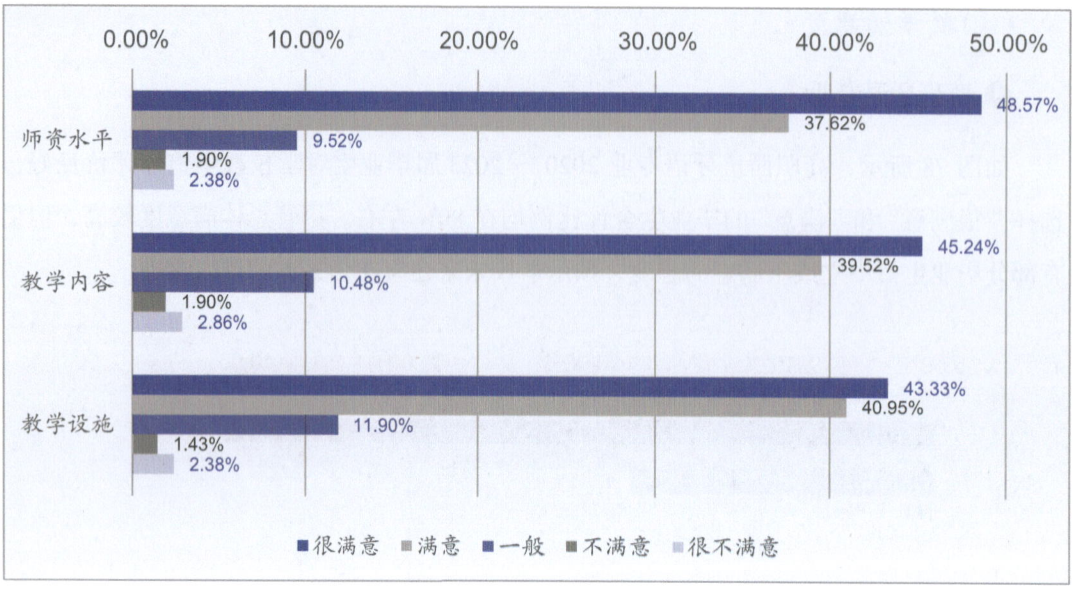

图 79　高职俄语专业 2020 ～ 2023 届毕业生对学校教学满意度统计图

❸ 日语类专业（商务日语、应用日语、旅游日语）

如图 80 所示，高职日语类专业 2020 ～ 2023 届毕业生对学校教学整体评价良好，选择“很满意”和“满意”的毕业生合计比例均在 80% 左右。尽管总体满意度较高，但仍有部分毕业生持中立或不满意的态度，预示学校未来还应在相关方面持续改进。

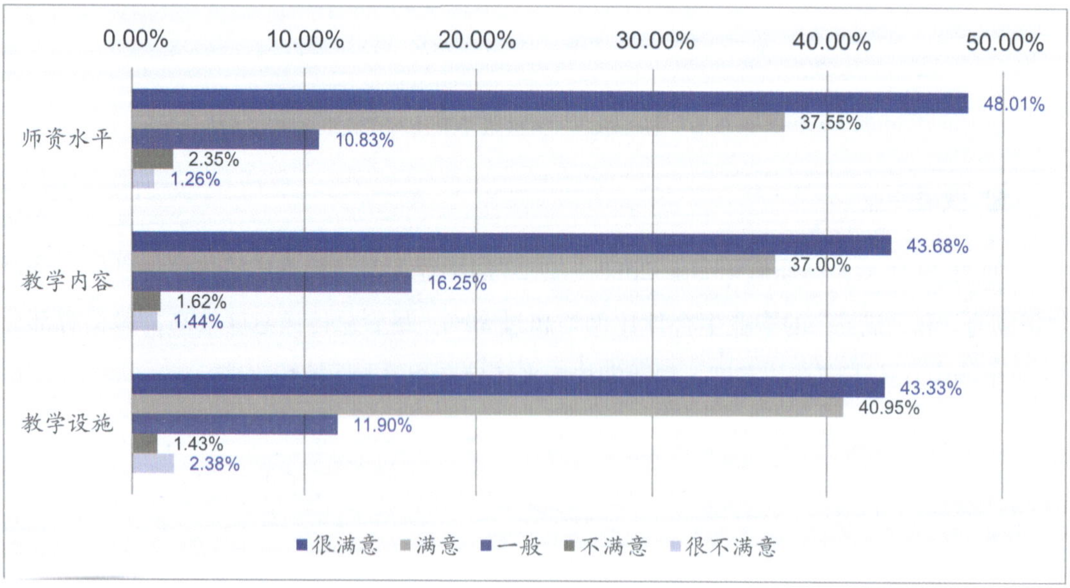

图 80　高职日语类专业 2020 ～ 2023 届毕业生对学校教学满意度统计图

（5）课程内容评价

❶ 西班牙语专业

如图 81 所示，高职西班牙语专业 2020 ～ 2023 届毕业生对学校课程内容整体评价良好，选择“很满意”和“满意”的毕业生合计比例均在 75% 左右。

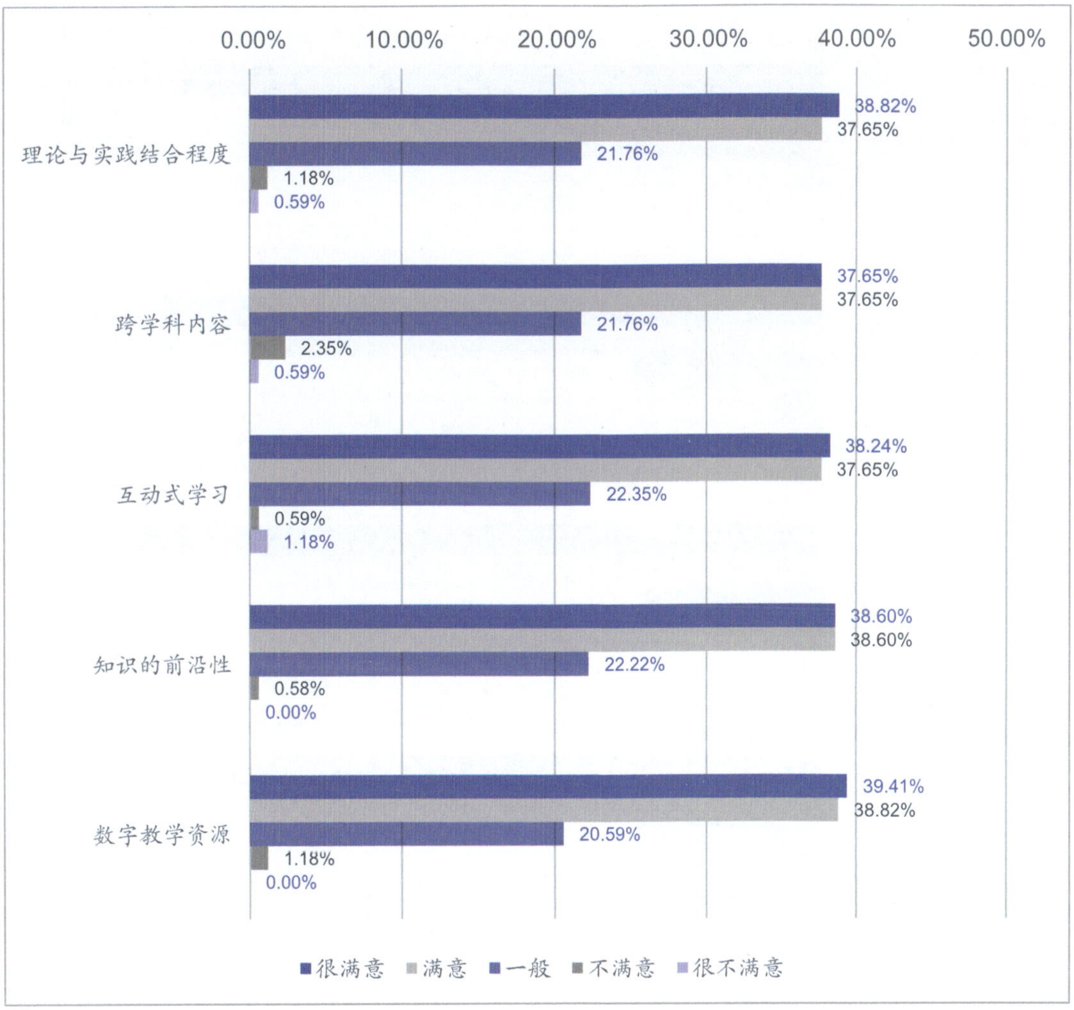

图 81　高职西班牙语专业 2020 ～ 2023 届毕业生对学校课程内容满意度统计图

❷ 俄语专业

如图 82 所示，高职俄语专业 2020 ～ 2023 届毕业生对学校课程内容整体评价良好，选择“很满意”和“满意”的毕业生合计比例均在 80% 左右。

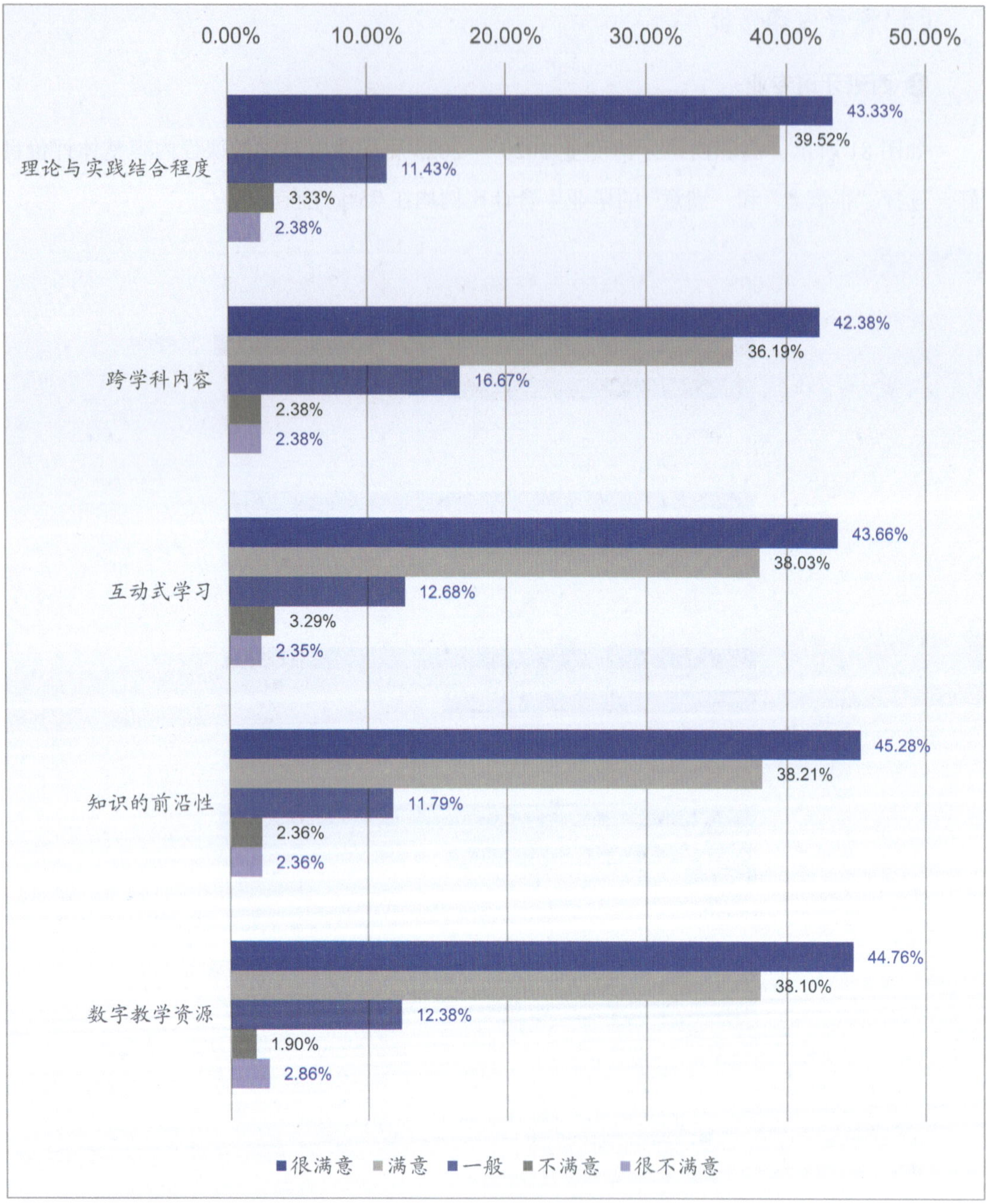

图 82　高职俄语专业 2020 ～ 2023 届毕业生对学校课程内容满意度统计图

❸ 日语类专业（商务日语、应用日语、旅游日语）

如图 83 所示，高职日语类专业 2020 ～ 2023 届毕业生对学校课程内容整体评价良好，选择“很满意”和“满意”的毕业生合计比例均在 80% 左右。

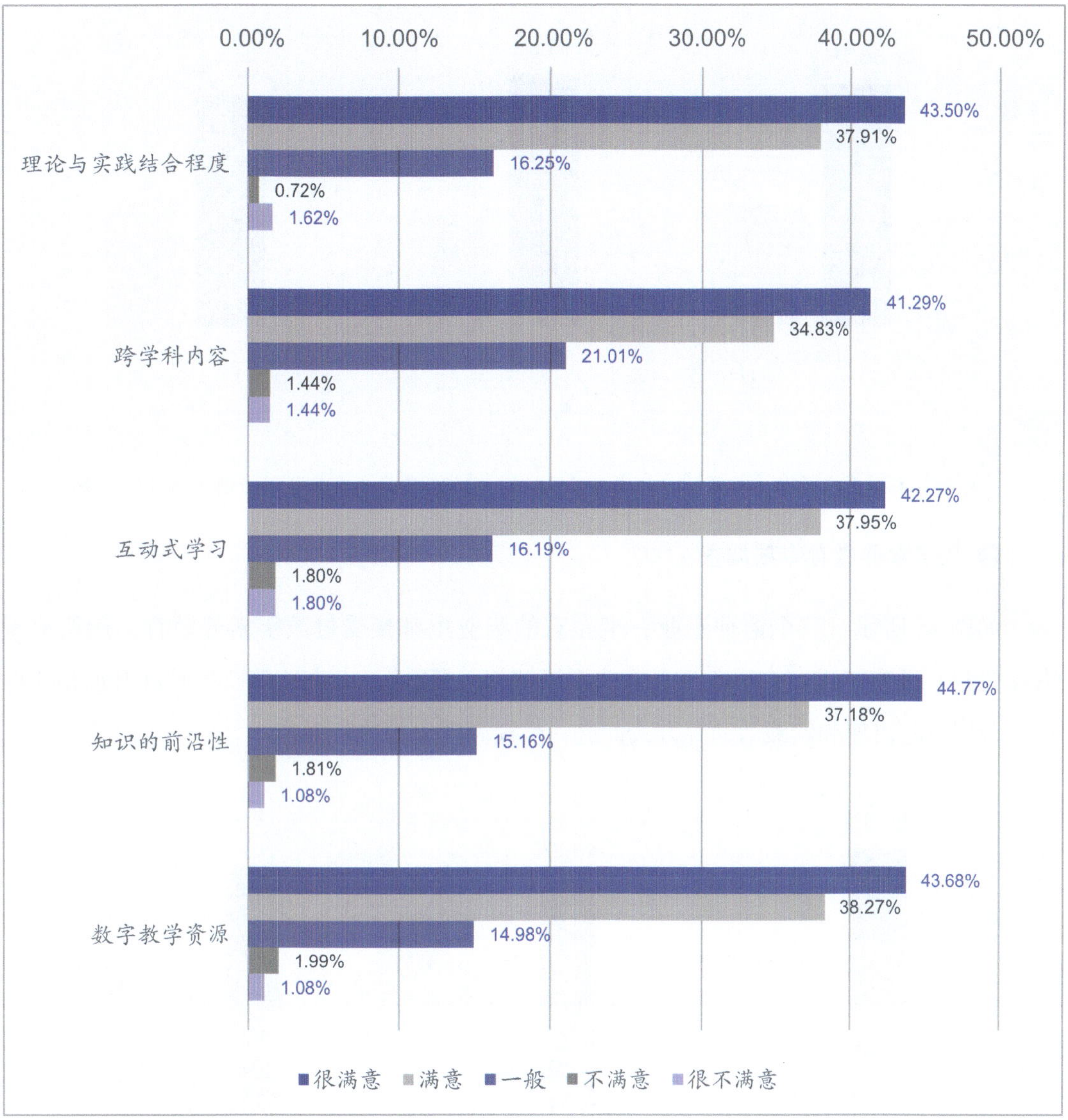

图 83　高职日语类专业 2020 ～ 2023 届毕业生对学校课程内容满意度统计图

（6）创新创业项目与数字素养教育专项调查

❶ 创新创业项目调查

如图 84 所示，三个语种专业近七成毕业生都参与过创新创业活动，但仍有三成左右毕业生未参与过。未来，职业院校应在明确未参与原因的基础上，有针对性地提供更多支持，不断优化创新创业教育体系。

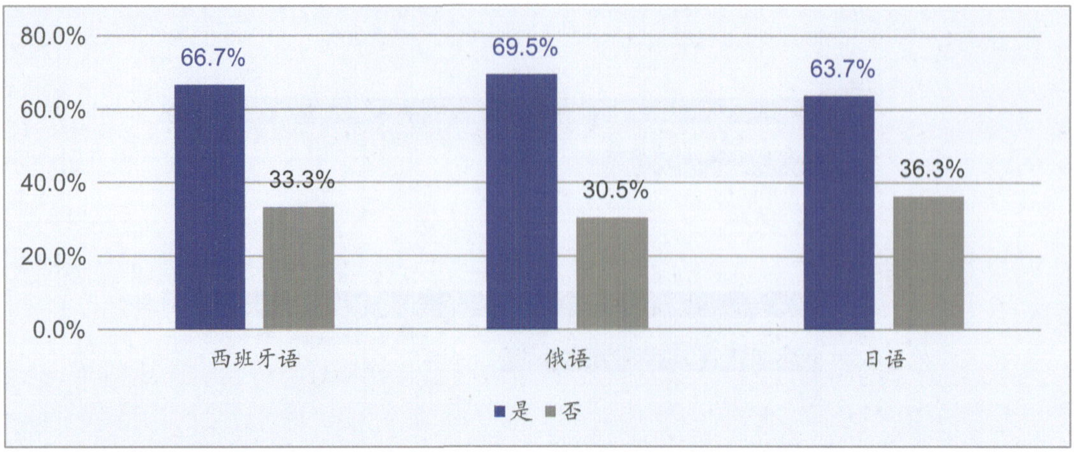

图 84　高职西班牙语、俄语、日语类专业 2020 ～ 2023 届毕业生参与创新创业活动统计图

❷ 数字素养教育专项调查

如图 85 所示，三个语种专业一半左右的毕业生都接受过数字素养教育，约两成没有接受过，还有三成左右毕业生表示“不了解相关概念”。未来，学校应通过增加相关课程、开展专题讲座和实践活动等方式，进一步提高学生的数字素养。

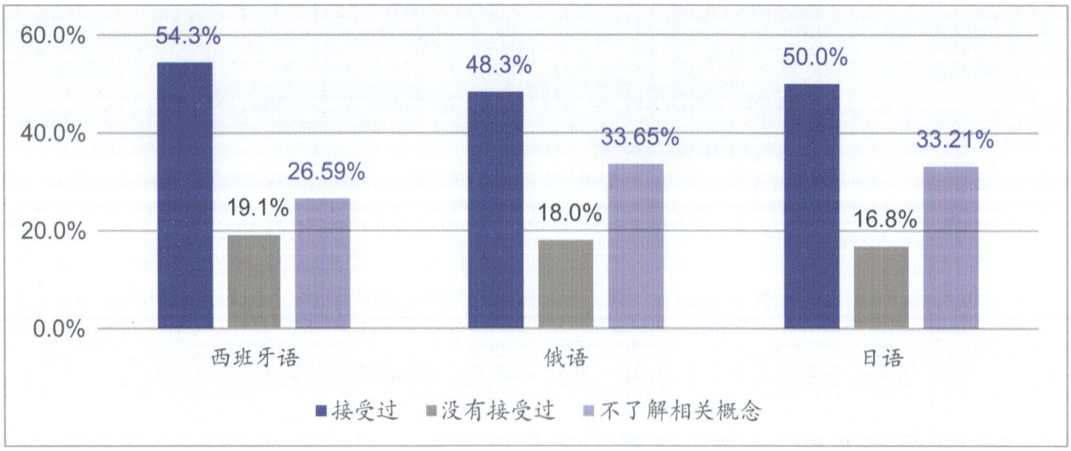

图 85　高职西班牙语、俄语、日语类专业 2020 ～ 2023 届毕业生接受数字素养教育情况统计图

第三部分

高职院校外语类专业人才培养成效与特色典型案例

随着国家“一带一路”倡议的深入实施以及双高计划的不断推进，国家对复合型技术技能人才的要求越来越高，高等职业教育备受关注。习近平总书记强调：“要大力培养掌握党和国家方针政策、具有全球视野、通晓国际规则、熟练运用外语、精通中外谈判和沟通的国际化人才，有针对性地培养‘一带一路’等对外急需的懂外语的各类专业技术和管理人才。”对高职院校学生而言，他们既需要掌握相关外语专业知识并在实践中不断应用，还要主动和国际接轨，在市场用人导向下，不断提高自身外语水平和各项必要素质。

随着“一带一路”倡议的深入，服务沿线国家和地区的多语种复合型人才需求日趋旺盛，而高职多语种专业数量有限，面向涉外商务、旅游等服务领域的多语种复合型人才供给不足。传统的以语言技能为主的人才培养模式已难以满足经济全球化需要。高职外语教育应准确把握社会需求变化，更新人才培养理念，紧密围绕国家“一带一路”倡议和双高计划的实施，深化技术技能人才国际化培育内涵，不断推动职业教育现代化，不断完善“外语+”技术技能专业人才培育体系，培养出具有较高综合文化素质、职业素养，较丰富的跨文化交际常识，在专业技术领域具有较强竞争力的技术技能人才，推动毕业生高质量就业。

一、服务“一带一路”建设的“外语+”高职多语种人才培养模式的实践探索内容与路径[2]

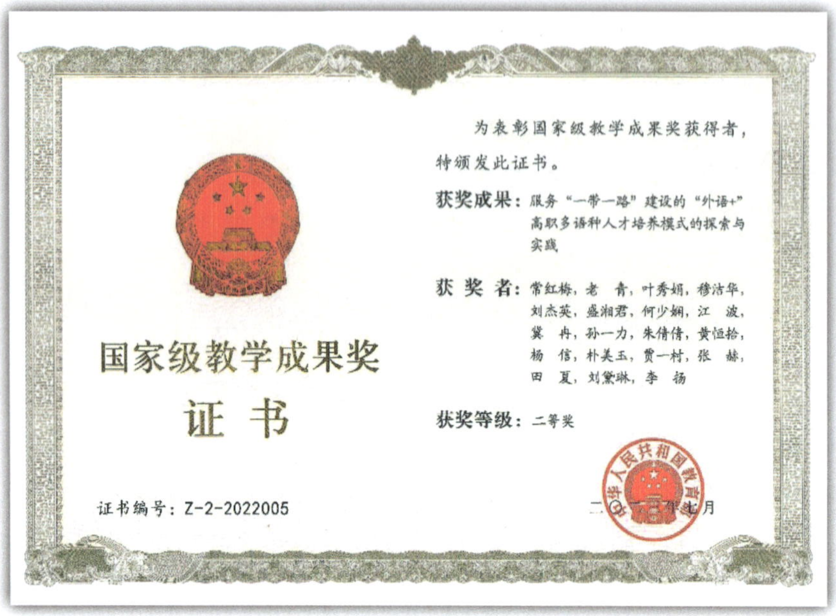

图 86　2022 年职业教育国家级教学成果奖二等奖获奖证书

1. 实践探索内容

近年来，北京联合大学联合义乌工商职业技术学院、广西国际商务职业技术学院等院校，围绕西班牙语、泰语、越南语、马来语、柬埔寨语等多个语种进行人才培养模式改革，形成了服务“一带一路”建设的“外语+”高职多语种人才培养模式（如图 87 所示），包含“外语类专业顶层设计新方案”“人才培养多元复合新模式”“区域产教多维互动新联盟”“多语种跨文化育人新平台”等成果。这些成果直接惠及师生 6 万余人和 3000 多家企业，带动全国近 1700 个外语类专业点建设，发挥了非常好的示范引领作用。

2　本部分主体内容为 2022 年职业教育国家级教学成果奖二等奖（如图 86 所示）——“服务‘一带一路’建设的‘外语+’高职多语种人才培养模式的探索与实践”（第一完成人：常红梅）的相关研究成果。主要完成单位为北京联合大学、北京青年政治学院、广西国际商务职业技术学院、义乌工商职业技术学院、闽江师范高等专科学校、同济大学、国家开放大学、北京双雄对外服务公司。本部分主要内容摘自《中国职业技术教育》2023 年第 25 期。

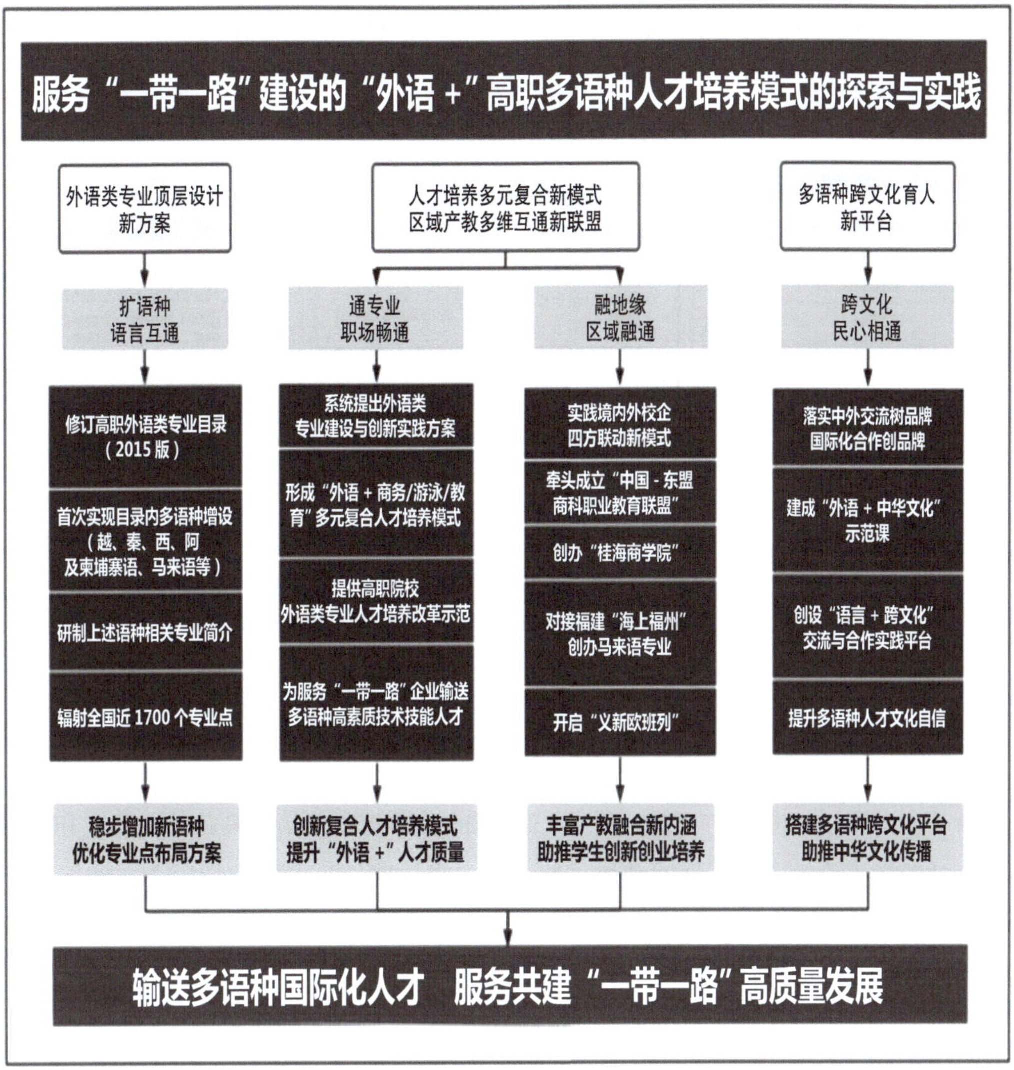

图 87　服务“一带一路”建设的“外语+”高职多语种人才培养模式图

（1）外语类专业顶层设计新方案——扩语种，实现语言互通

语言互通是跨国沟通和合作的重要需求，也是实现“一带一路”倡议可持续发展的必要条件。如图 88 所示，《普通高等学校高等职业教育专科（专业）目录（2015 年）》在应用外语专业增设 10 个语种方向。被教育部采纳、颁布的专业简介进一步明确了各语种专业的定位和特色，推动了外语专业的持续发展与优化。2016—2021 年，全国高职院校陆续实现了 12 个新增语种的首次招生，使语种总数达到 32 个。这种以对接地区特色、服务国家战略为指导思想的语种布局为“一带一路”沿线国家和地区之间的语言互通奠定了基础。

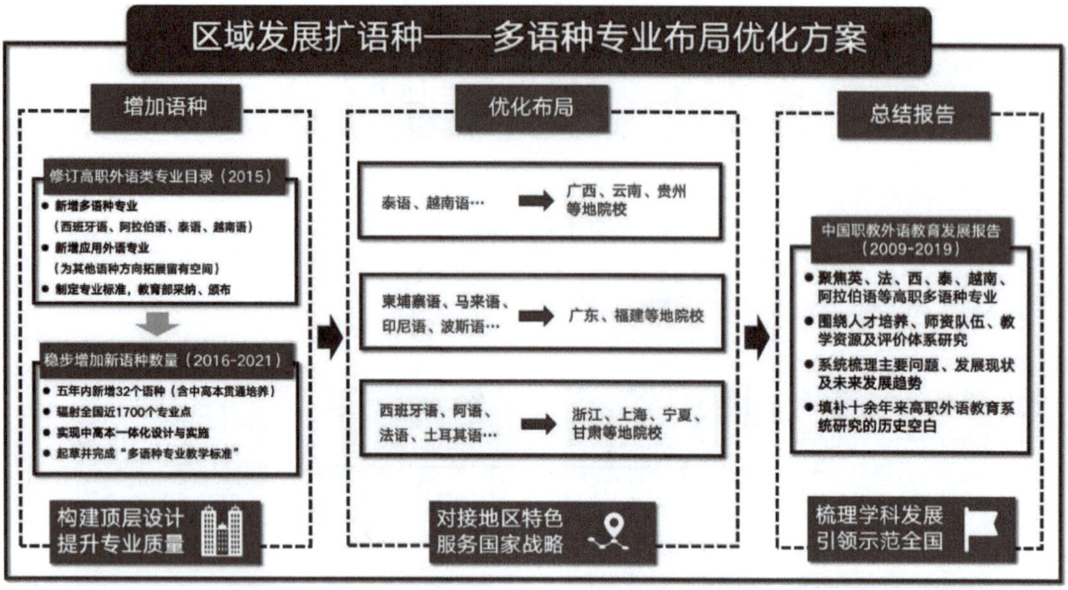

图 88　多语种专业布局优化方案示意图

（2）人才培养多元复合新模式——通专业，培养“外语+”复合型人才

“一带一路”倡议涉及沿线上百个国家和地区，涉及经济、贸易、基础设施建设、科技创新等多个领域。推动“一带一路”倡议各项合作落地需要培养具备外语能力和多领域知识、技能的复合型人才。通过研究“服务‘一带一路’建设的‘外语+’高职多语种人才培养模式的探索与实践”，高职教育界系统地提出了外语类专业建设与创新实践方案，形成了“外语+”复合型人才培养模式（如图 89 所示），为国家输送了近万名具备语言、专业和国际交往能力的多语种毕业生，以此满足“一带一路”倡议的人才需求，为推动经济、文化和政治交流做出积极贡献。

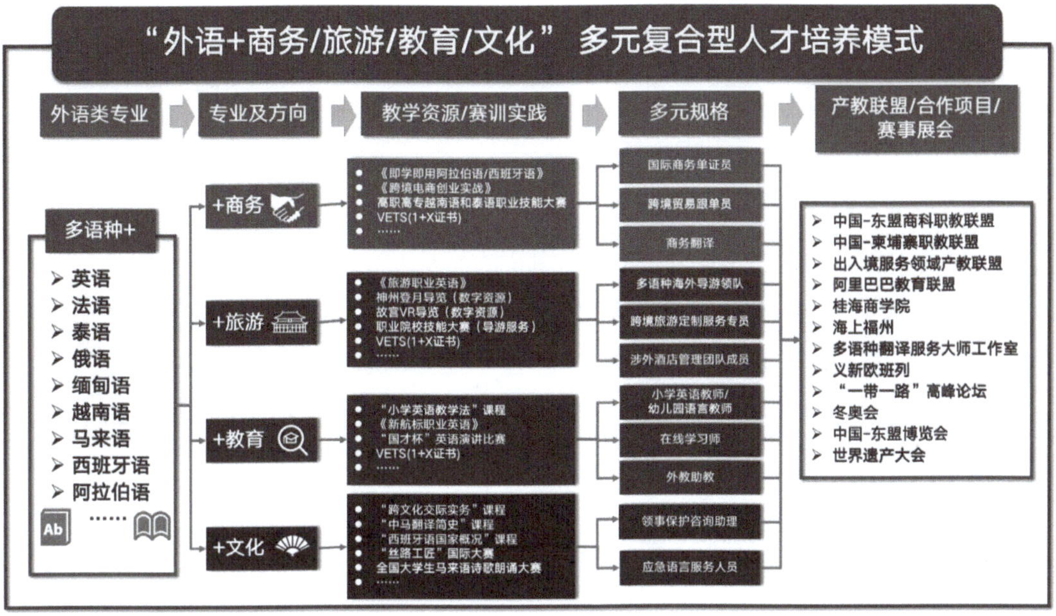

图 89 多元复合型人才培养模式示意图

(3) 区域产教多维互动新联盟——融地缘，打造中外职教共同体

区域产教多维互动联盟可以促进成员之间的教育合作和人才培养，推动教育和产业的密切合作，为“一带一路”沿线国家和地区提供优质人才和技术支持。如图 90 所示，该成果创建了中外校企联动新模式，牵头成立“中国—东盟商科职业教育联盟”等 6 个中外职教联盟，在泰国创办“桂海商学院”，“商务泰语”课程标准获泰国教育部认证；对接福建“海上福州”项目，创办马来语专业；开启“义新欧班列”系列项目；辐射援外培训 68 期，涉及 30 多个国家和地区 600 余人次。

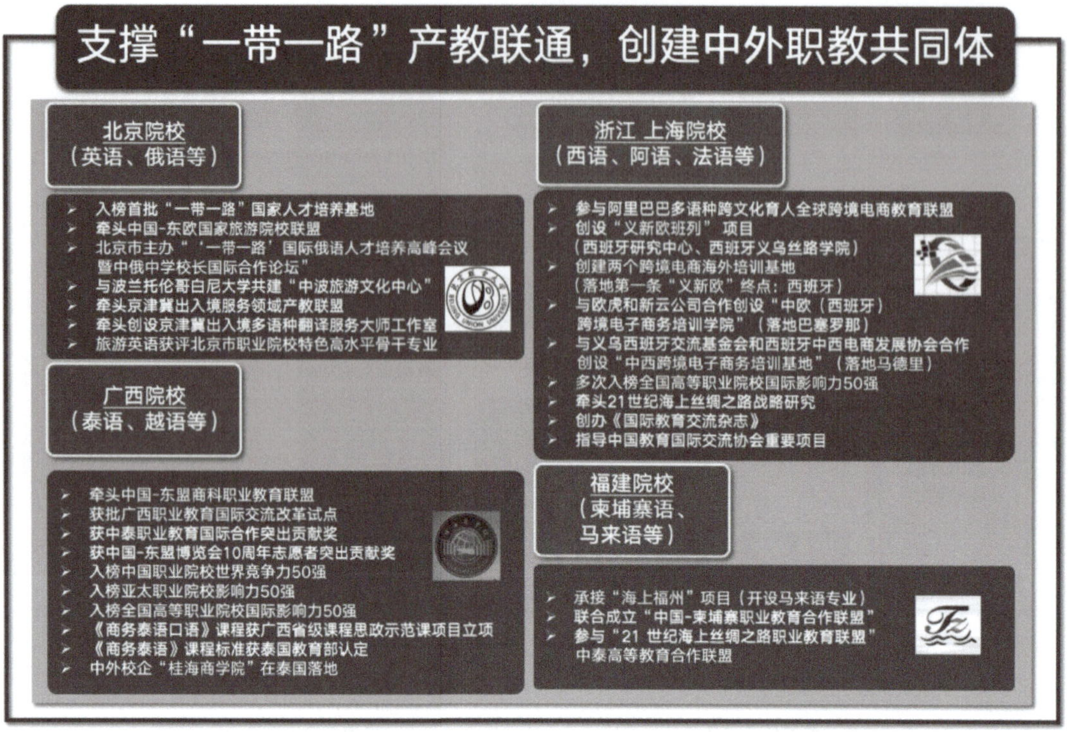

图 90 “支撑‘一带一路’产教联通，创建中外职教共同体”成果示意图

（4）多语种跨文化育人新平台——跨文化，搭建多语种交流实践平台

如图 91 所示，“一带一路”背景下的多语种跨文化育人新平台有助于促进语言学习、文化传播和教育合作。通过平台建设和运营，为沿线国家和地区学生提供学习资源和交流机会，培养具有多语种和跨文化交流能力的人才。同时，平台也为教育者提供合作平台和专业交流机会，推动教育改革和创新。该成果践行“文化育人”使命，依托“中国国际教育年会”这一中外交流品牌，创设“发展中国家教育管理者培训”项目品牌，建成了 32 门示范语言课，创设了 16 个多语种交流与合作服务实践平台，全面覆盖合作院校各语种专业，辐射 30 多个国家和地区。

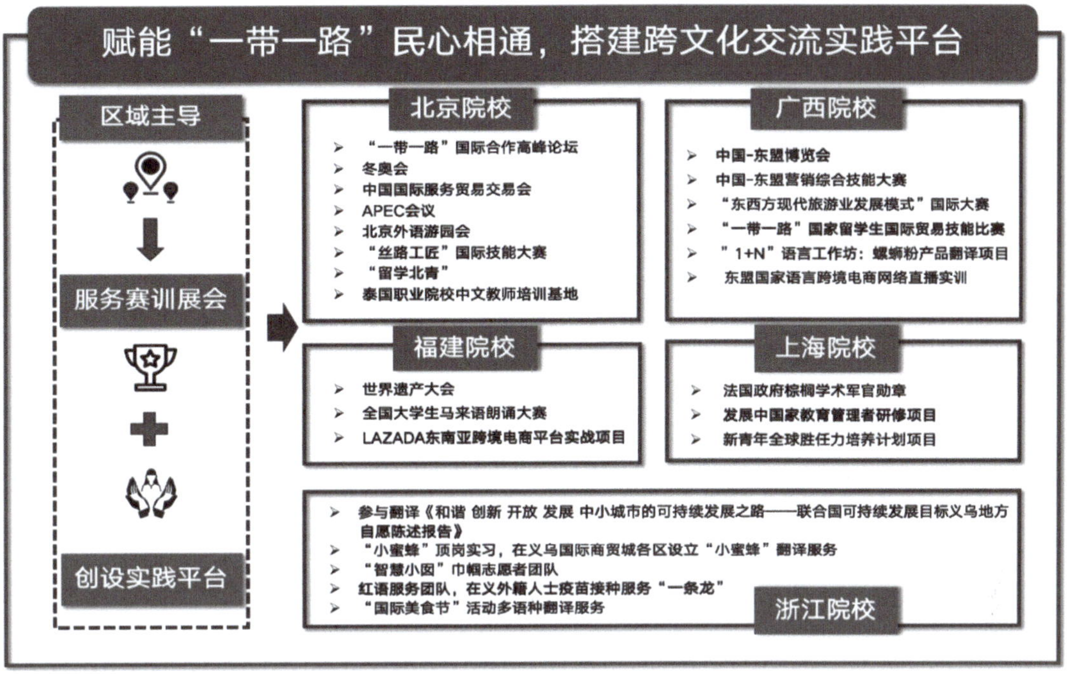

图 91　“赋能‘一带一路’民心相通，搭建跨文化交流实践平台”成果示意图

2. 实践探索路径

（1）依托专业目录动态调整，优化国家战略所需语种专业

以 2015 版专业目录修订为契机，通过设置多语种专业，形成“结构优化、布局合理”的顶层设计方案，实现了语种数量的稳步增加。多语种专业建设的有序推进解决了急需语种数量不足、专业点布局空缺的问题。同时，为有效提升服务区域经济发展能力，依托中国—东盟东部增长区合作，协同广西国际商务职业技术学院，加强了泰语、越南语等专业建设；为助力建设 21 世纪海上丝绸之路核心区，协同闽江师范高等专科学校新增了马来语、柬埔寨语等专业；协同义乌工商职业技术学院，巩固了西班牙语、阿拉伯语等专业。

2015 版高职专业目录及专业简介的颁布，促进了多语种专业的建设和发展。本成果牵头单位完成的《中国职业教育外语教育发展报告（2009—2019）》，系统总结了英语、法语、西班牙语、越南语、泰语、阿拉伯语等多个语种专业的教育改革与发展经验，提出了一整套高职外语教育改革的理论与实践指导意见。

（2）根据区域主导产业需求，构建国际化人才培养模式

立足国际化项目，因地制宜地实践中外校企联动新模式。北京联合大学牵头成立“中国—中东欧国家旅游院校联盟”；北京青年政治学院牵头创设“京津冀出入境服务领域产教联盟”；广西国际商务职业技术学院牵头创建“中国—东盟商科职业教育联盟”，并在泰国创办“桂海商学院”，其“商务泰语”课程标准获泰国教育部认证；闽江师范高等专科学校对接福建“海上福州”项目，创办马来语专业；义乌工商职业技术学院开启“义新欧班列”系列项目。

立足《高职院校非通用语专业人才培养改革创新方案（2017）》，根据区域主导产业需求，形成“外语+”复合型人才培养模式。同时，为解决原外语类专业人才培养中知识结构单一、服务“一带一路”所需复合技能不足的问题，广西、浙江、福建等地院校面向国际贸易、跨境电商等领域国际化人才需求，分别创设“外语+商务+技能+文化”“英语+葡萄牙语+商务”人才培养模式，地处北京的院校面向涉外旅游、外语教育等领域国际化人才需求，探索高本一体化“外语+文化+研学”人才培养模式。

（3）借助各类国际赛事、展会，加强中外职教共同体合作

借助在北京举办的“一带一路”国际合作高峰论坛、冬奥会、中国—中东欧（16+1）国家首都市长论坛、中国国际服务贸易交易会和广西承办的中国—东盟博览会、福建承办的世界遗产大会等重要活动，以及北京“丝路工匠”国际赛训项目，组织成员单位协同构建强化语言服务的文化育训实践平台，不断提升师生传播中华文化的意识和多语种跨文化交流能力。例如，2015年以来，北京院校的外语专业师生为“一带一路”高峰论坛提供语言服务，为冬奥会提供了从语言到专业岗位的全面服务，得到论坛主办方和冬奥组委会的好评。北京青年政治学院协同创办“丝路工匠”国际技能大赛；闽江师范高等专科学校拓展“海外华文教育基地”；义乌工商职业技术学院多语种专业师生组织“红语”服务团队对接义乌市江东街道社区卫生服务中心，为在义乌的外籍人士接种疫苗提供“一条龙”服务；广西国际商务职业技术学院多语种专业师生立足“1+N”语言工作坊，为社区商户提供螺蛳粉产品中外文翻译服务；成员单位5次入选“全国高职院校国际影响力50强”。

二、创新开展多语种人才培养模式探索，推动高质量就业的特色典型案例

编委会通过问卷调查、实地考察、研讨交流等形式，调研了全国高职院校外语专业人才培养的实际成效与实践经验，探索了服务“一带一路”倡议的“外语+”高职多语种人才培养模式，总结了各职业院校解决多语种复合型人才供给不足的经验，同时参考第三方评价机构收集的相关专业建设和发展数据，征集了开设商务英语、应用英语、英语教育、旅游英语、应用日语、应用俄语、应用西班牙语、应用阿拉伯语、应用泰语、应用越南语和应用外语（老挝语）等专业的10所高职院校推动毕业生高质量就业的典型案例。其中有相关院校通过各种措施在保证就业基本盘的同时，培养复合型人才、提高就业质量和就业率的示范案例；有部分院校对接本地区产业链，对外语专业进行“重塑”，服务地方经济的特色案例；有部分院校抓住机遇，利用区位优势，开设“一带一路”沿线国家语种专业的典型案例；以及部分院校支持非直接就业的毕业生继续深造，并提供后续全过程就业服务的案例。

1. 商务英语专业（绍兴职业技术学院）[3]

绍兴职业技术学院创建于1999年，是浙江省较早独立设置的高职院校之一。学校以“守正创新”为校训，秉持“教育为人生奠基，办改变人一生的教育”的办学宗旨，以“专业成才，精神成人”为培养目标，遵循“品性为根，技术技能为用”的育人方针，立德树人，追求“办品质之学”，入选2023软科中国民办高职院校排名榜（排名第一）、浙江省普通高校首批示范性创业学院、浙江省高职高水平专业群（A类）项目单位、浙江省现代学徒制试点单位。学校设有范蠡商学院、阳明学院等6个二级学院，其中电子商务专业群为浙江省高职高水平专业群。

学校坚持开放办学，积极开展国际交流与合作，是中国高等教育学会中外合作办学研究分会成员单位、中国教育国际交流协会高职中外合作办学机构和项目联席会成员单位、浙江省中外合作办学联盟理事单位、浙江省高教学会大学外语分会高职会长单位。学校与新加坡、泰国、马来西亚、保加利亚、东帝汶等“一带一路”沿线国家建立了合作关系，招收留学生；面向越南、泰国、新加坡等国开展“中文+职业技能”培训项目；在马来西

3　本部分供稿人为朱伟芳、于秀春、姚先锋。

亚、泰国等国家设立“越医学堂”，促进中医药文化传播。

商务英语专业所在的范蠡商学院，为全国高校首家以“商圣”范蠡命名的商学院。专业开设于2002年，为浙江省高职高水平专业群骨干专业、浙江省高校特色专业、绍兴市特色专业，获省、市高等教育教学成果二等奖各两项。专业立足区域经济发展对国际商贸人才的需求，依托教育部职业院校外语类专业教学指导委员会、浙江省高等教育学会大学外语分会、绍兴市翻译协会、绍兴市跨境电商学院等平台，与浙江乌龙供应链管理有限公司、中国轻纺城展会有限公司等企业紧密合作，培养德智体美劳全面发展，具有商务接待、商务译写、跨境电商运维等能力，能够从事外贸业务助理、商务翻译、跨境电商客服等工作的高素质技术技能人才。专业以“精语言、懂商务、通数智”为人才培养定位，不断加强教学改革与创新实践，深化产教融合、校企合作，人才培养质量持续提升，累计向社会输送毕业生5000余名。毕业生综合素质高，社会和企业认可度好，为区域经济发展提供了强有力的人才支撑。

（1）推动毕业生高质量就业的实践与举措

❶ 增设跨境电商方向，人才培养对接产业升级

随着“互联网+外贸”等新业态的不断涌现，跨境电商成为浙江省外贸发展的新引擎。为适应跨境电商产业发展对商务英语人才的需求，专业基于对用人单位、毕业生、行业协会和高校等层面的人才需求调研和专业建设积累，适时调整专业人才培养定位，在国际商务方向的基础上，增设跨境电商方向，探索出“语言（英语）+专业方向”的双轨培养路径，有力促进了人才培养与产业转型的精准对接。跨境电商方向侧重培养学生在跨境商务环境中的英语应用能力、电子商务技能、进出口业务操作能力等，服务区域产业数字化转型升级，助力企业出海。

❷ 重构三元融合课程体系，教学内容与职业标准对接

立足区域特色产业跨境电商发展人才需求，在实践教学、课程设置等方面与行业龙头企业全面合作。基于跨境电商岗位群知识、技能、素养要求，构建“语言+文化+跨境电商”三元融合课程体系。大一以夯实语言基础、提升文化素养、拓宽国际视野为重点，开设综合英语、英语口语、“一带一路”国家概况、跨文化商务交际等课程，培养学生的基础职业能力和文化素养；大二以提升国际商务、跨境电商技能为核心，开设商务英语、跨境电商英语、跨境电商B2C、范蠡商业智慧等课程，提升学生就业核心竞争力和岗位适应

能力；大三以就业创业为导向，通过自主创业、校内实训基地、校外合作企业实习等项目化综合实训，将文化素养、语言技能、国际商务与跨境电商技能贯通培养，建设多元化的实践平台，增强学生岗位胜任力和创新创业能力，满足学生个性化成长及职业发展需求。

❸ 打造数智学习圈，数字资源与产业先进元素对接

利用数字技术，开发了一系列内容丰富、互动性强的在线课程，建起了以英语口语、跨文化商务交际、跨境电商运营（B2C）、商务英语等引领的“省级—市级—校级”数字化课程群，为学生提供个性化的学习内容；建立起了持续的循环反馈机制，根据学生的学习进度和掌握情况调整课程难度，以提高学习效率；开设了虚拟仿真课程，在虚拟情境中加强学生的商务实践能力。

组建校企联合教材开发小组，基于知识模块，开发素质拓展类课程双语教材；基于能力模块，开发语言类课程活页式教材；基于数字化综合实训，开发工作手册式立体化教材。健全常态化修订机制，及时将新技术、新工艺、新规范和企业典型案例纳入教材，教材内容有效对接行业企业一线岗位实际工作任务，增强学生的学习兴趣和创新思维。

立足教育数字化新要求，打造 VR 外语虚拟仿真实训室、“一带一路”国家文化体验实训室、丝路电商实训室等，引入 VR 商务英语虚拟仿真实验平台、3D 仿真商务英语实训系统等，建立商务英语专业数字化教学平台，为学生提供实时的口语评估和写作辅导、全面的商务场景模拟、交互式技能训练，创新师生交互方式及学生学习资源的推送模式，营造泛在、多元、智能的数字化教学场景，构建起体验、参与、融入与合作的师生共情共长的智慧课堂教学生态。

❹ 创新实践教学模式，学场与赛场、职场对接

如图 92 所示，聚焦创新创业素养，研习范蠡商圣文化，提炼商文化育人精神内核——守正（为人之道）、崇德（慈善之道）、尚智（经商之道）、善创（创新之道），将之融入专业人才培养全过程。开发商圣文化系列课程和资源库，举办商圣大讲堂、商圣文化节、商训经典传诵、创新创业活动月等文化实践活动，坚持文化育人与技能育人相结合、传统商文化与现代职业素养相结合、专业特色与商文化元素相结合，形成“看商→听商→言商→悟商→行商”文化育人路径，在文化浸润中培养学生的经商创业技能，强化学生创新创业意识和实践动手能力。

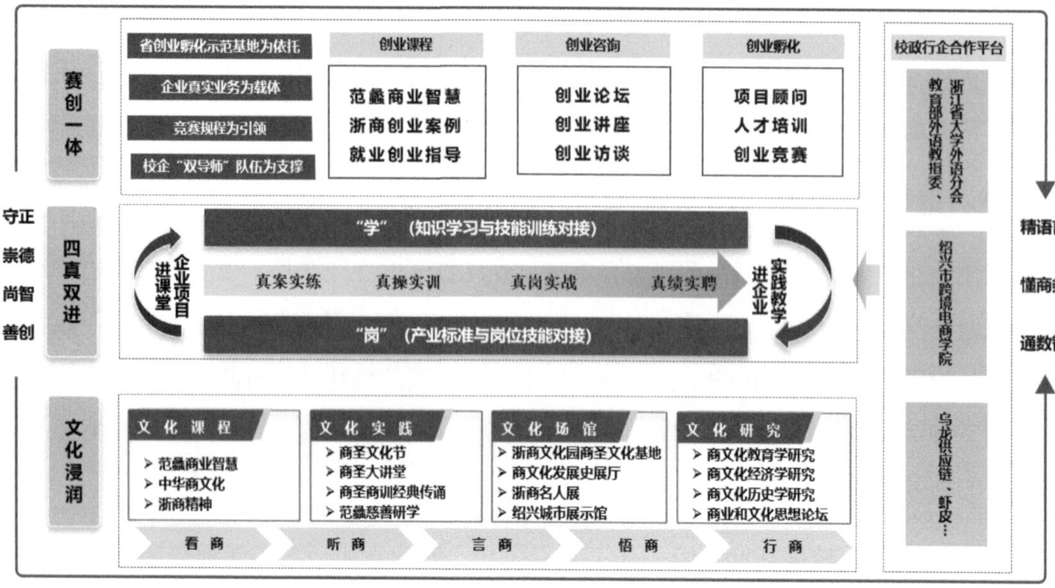

图 92 “赛创一体、四真双进、文化浸润”实践教学模式示意图

依托专业群“产教联合体—产业学院—企业学院”三层融通协同育人平台，与乌龙供应链、Shopee、振德医疗等行业龙头企业共建创新工作坊，开设订单班、双创班，将商务接待、商务谈判等企业员工岗前培训与校内实训相结合，企业项目进课堂，营销推广、客户服务等典型工作任务转化为教学案例，实施真案实练、真操实训；将会展服务、跨境电商平台操作等课堂教学场所迁移到企业运营管理第一线，实践教学进企业，学生以顶岗、半工半读等形式参与运营管理和创业实践，实施真岗实练、真绩实聘。

以浙江省创业孵化示范基地为依托，以企业真实业务为载体，以英语口语比赛、“三创赛（跨境直播赛道）”等竞赛规程和技术文件为指引，以校企“双导师”队伍为支撑，构建“国赛—省赛—市赛—校赛”4 级赛事体系，企业资助参赛作品转化为创业项目；开展创业咨询、创业辅导、项目对接，指导优秀创业项目转化为参赛作品。赛创一体，增强成果的共享与转化，实现作品变项目、项目能创业，实现学场与赛场、职场对接，促进学生高质量就业创业。

❺ 深化产教融合，校企合作与产业需求对接

对接区域产业跨境电商转型人才需求，以省级电子商务高水平专业群、绍兴市跨境电商学院为依托，持续深化产教融合、校企合作，提升专业人才培养的岗位适应性。与 Shopee、乌龙供应链等企业联合培养跨境电商英语、跨境电商直播、海外营销推广 3 个校

企双元课程团队，共同制订课程标准、共编教材、共同备课、共同授课、共同评价，实现校企深度融入课堂教学；与中国轻纺城跨境电商产业园、绍兴综合保税区等企事业单位开展产学研合作，共建校内外实习实训基地、创新创业工作室，联合开发跨境电商直播、商务翻译、跨境电商客服等5个实战项目，完成23个实战项目教学案例编写；开设Shopee订单班、E-bay订单班等现代学徒制订单班，学生项目运营实践参与率达100%，学生实践能力大幅提升。

❻ 拓路径、树品牌，志愿服务实践和社会需求对接

立足区域，对接产业，搭建“一会（范蠡研究会）一院（跨境电商学院）一中心（绍兴市轻纺产业发展研究中心）”三个市级社会服务平台，开展“企业出题、学校接题、教师解题、学生练题”社会服务实践。自2007年起，连续18年承接中国（柯桥）国际纺博会专业志愿服务，参与师生累计超过3000名；1200余人次参与百度公司的“语音识别校对项目”、世界花样游泳比赛、首届世界会计论坛暨第十三届中国CFO大会、世界机器人大会、“一带一路”经贸合作浙江行暨省贸促会（省国际商会）“走进绍兴”经贸交流会等国际赛会的商务翻译、会展接待志愿服务；组建跨境直播、跨境客服志愿服务团队，为浙江中小企业“出海”提供跨境电商海外营销技术服务。多样化的社会服务项目不仅有效提高了学生的外语交流水平、跨文化沟通水平及团队协作水平，更在实践中加强了学生的社会责任感与创新能力，有效增强了学生的就业竞争力。

❼ 引进输出并举，国内培养与国际交流合作对接

学校积极搭建平台、创造机会，让学生充分参与各种国际交流研学活动。依托专业群与澳大利亚托伦斯大学、新加坡东亚管理学院等院校共建的海外师资培训基地，选派专业骨干教师赴美国、英国、澳大利亚等国进修；设立“优课计划”，邀请海外院士、国际知名专家等联合讲授通识课程，设计海外文化体验项目，组织学生参与国际交流，拓宽学生国际视野，加强语言表达能力和跨文化交际能力。

主动服务“一带一路”倡议，提高国际化人才培养质量。开展“中文+职业技能”培训项目，承接商务部援外培训异地教学任务，为来自发展中国家的政府官员、技术人员开展职业技能培训；组织来自土耳其、哈萨克斯坦等“一带一路”国家的留学生开展“立足中国文化，做好国际交流”主题沙龙，让学生广泛了解异国文化，提升语言应用水平和涉外商务实际操作水平，拓宽国际视野。

（2）推动毕业生高质量就业的成效与特色

❶ 打好促就业“专业牌”，提升学生核心竞争力

实施分层分类人才培养，有效满足不同学生的学习需求。依据学生学习情况进行小班化教学，实现分层培养，为学生提供个性化成长指导方案；通过专业分方向培养，学生可根据兴趣和职业规划，选择更适合自己的专业方向和学习路径。

近5年来，学生在英语口语、英语写作、三创赛（跨境直播赛道）等竞赛中获得省级及以上奖项70余项，其中国家级特等奖1项、一二等奖5项、省级特等奖4项、一等奖23项。专升本升学率不断提高。近5年，已有300余名学生被浙江工商大学、浙江财经大学等本科院校录取，多名毕业生本科毕业后更是赴南京师范大学、英国伯明翰大学、澳大利亚昆士兰大学等国内外院校攻读硕士学位。2019～2023届毕业生平均就业率为99.1%，毕业生毕业一年后就业专业相关度为92.3%，学生对专业整体满意度达99.25%，用人单位满意度达96.74%。

❷ 打好促就业“示范牌”，练就学生高质量就业真本领

依托浙江省首批高校示范创业学院，扎根浙江创新沃土，以“搭建服务平台、激发创新创业活力”为宗旨，充分利用学校功能健全、布局合理、服务高效的创新创业孵化基地，积极完善学院创业课程、研究中心、沙龙、孵化基地和创业者联盟“五位一体”的创业教育体系。开设订单班、组织创业沙龙，营造积极的创业文化氛围，为学生提供良好的创业环境，培育创新创业力量。

近5年来，累计孵化创业项目16个，毕业生创业率达8.4%，涌现出一批创业典型。一位2020届毕业生在校期间成为国内首位shopee官方认证讲师，毕业后创立跨境电商企业，年销售额超7亿元，2021年被推选为浙江省青年企业家协会秘书长。

❸ 打好促就业“资源牌”，拓展学生就业新渠道

专业充分利用学习指导中心，举办教师资格考试系列培训、专升本辅导培训。充分利用校友资源，建立校友联系机制，与校友企业签订合作协议，打造了一批优质就业基地，使校友企业成为推动专业毕业生就业的重要力量。创业毕业生通过创办外贸公司、教育培训机构，累计招录50余名商务英语专业毕业生就业。坚持“走出去”，每年开展毕业生跟踪走访调研，前往杭州、宁波、温州等地走访近百家毕业生用人单位，坚持问题导向，共同探讨符合社会发展要求的商务英语专业人才培养模式，了解企业的用人需求，为学生拓展就业新渠道。坚持“请进来”，每年邀请百草味、乌龙供应链、振德医疗等多家企业来校招聘，为毕业生提供更优质、多层次的就业岗位。

▶ 2. 应用英语专业（浙江工商职业技术学院）[4]

浙江工商职业技术学院是浙江省人民政府首批批准成立的四所全日制公办普通高等职业院校之一，学校前身为创建于1914年的“宁波公立甲种商业学校”。办学92周年之际，时任省委书记习近平勉励学校“抢抓机遇，加快发展，办出水平，办出特色”。现为浙江省高水平高职学校建设单位、全国高职高专人才培养工作水平评估优秀学校、浙江省示范性高等职业院校、浙江省优质高等职业院校和浙江省课堂教学创新校、浙江省课程思政示范校。

学校是浙江省首批获教育部核准开展中外合作办学学历教育项目的高职院校，与28个国家和地区的教育机构开展国（境）外交流与合作，建有中国—印尼丝路学院、直播与传媒学海外学院和中克语言文化中心，拥有“甬上非遗”“感知中国”2个面向宁波本地留学生特色文化实践品牌和“丝路工商”国（境）外人文交流品牌。

应用英语专业为浙江省特色专业、本校优势专业及重点专业，双师比为100%。专业建有“一体两翼进阶式模块化”课程体系，2024届三年制专升本上线率超过80%；近10年来，专业学生获浙江省高职高专实用口语A类比赛奖项超30项，12人次获浙江省高职口语大赛冠军，10名学生代表浙江省参加国赛，获得国赛一等奖3项、二等奖5项。2023、2024年金平果排名位于全国同类专业第一。[5]

（1）基于差异化，可持续的就业服务策略

专业将就业服务分为两程：一程是直接就业服务；二程是本科就业服务。既要培养学生的直接就业能力，又要培养学生可持续发展的就业能力；既要坚守区别于其他涉外专业的“英语听、说、译”能力，又要凸显区别于本科英语专业的“产教实训”特色；此外，还为毕业生提供三年的就业服务（高质量企业推荐）。

4　本部分供稿人为蒋轶阳、翁晓梅、钱律伟。

5　“金平果”2023高职专业及专业群排行榜发布（第四次发布高职专业排行榜）[OL]；“金平果”2024高职专业及专业群排行榜发布（第五次发布全国高职院校专业竞争力排行榜）[OL] https://mp.weixin.qq.com/s/fCz2jAZ7Y7Uaz2dnqQLBLg（2024年8月15日读取）。

为实现上述愿景，专业主要从课程设置、协同育人模式、一体化专业课程思政教育及就业服务四个方面提升就业质量。

❶ 凸显英语核心力，实施“一体两翼”的课程体系

结合本校所在区域的支柱行业及学生升本后的就业需求，专业设计并实施了“一体两翼”课程体系。其中“一体”为“以英语为核心”的专业能力，尤其强调“听说”能力。“两翼”为结合行业的“产教课程”，即“外贸英语”和“英语教育”两个方向，学生可按照兴趣和职业规划，自行选择方向。

“一体”课程为本校高职英语专业学生区别于其他涉外专业学生的核心优势所在。专业对标了《中国英语等级量表》中的六级，且具有一定的拔高性和偏本科人文性，为学生今后升入本科打好基础。此外，区别于其他同类专业，设计了五门“高精尖”选修课程，其中包括中级笔译、中级口译和中国文化英语等，旨在培养学生具有一定的讲述和传播中华优秀传统文化的能力。

“两翼”课程体系指向“外贸”和“教育”两个方向，重视岗位应用能力，尤其关注“听说译”能力和岗位的结合。如，外贸方向的“跨境电商实务”“外贸洽谈口译”“服装外贸英语”侧重培养学生跨境 B2B 直播、跨境 B2C 直播、涉外商务接待及谈判等情境中的听说译能力；教育方向的“少儿英语素养”“教师口语艺术”“少儿英语课堂活动设计”等课程，侧重培养学生未来作为少儿英语教师的口语和口译能力。

❷ 以省级项目为抓手、创新“半工半读到全工”的协同育人模式

如果说一体两翼的课程体系是高职英语专业区别于与其他涉外专业的关键，那么，校企协同育人模式就是高职英语专业区别于本科英语专业的关键。

以本土龙头企业为中心，应用英语专业创立了校级英语专业理事会和教学委员会，整合本地优秀行业资源，创新从半工半读到全工的“1+1+0.5”产教融合人才培养模式。

以市场和岗位需求为导向，优化进阶式课程体系，深化产教融合课程内容建设，实施基于真实任务的“模仿+创作”相结合的项目教学法，推行“引进来走出去”“线上线下”双元师资建设，构建标准化仿真实践教学环境，培养满足用人单位需求的高技能人才。

❸ 专业课与课程思政一体化，提升学生职业素养

为提升直接就业学生的学习主动性、自觉性和职业素养，专业以习总书记“六个方面下功夫”和《高等学校课程思政建设指导纲要》为指导思想，结合专业特色和一体两翼课程体系，提炼专业价值观念，设计了课程思政矩阵，编写了课程思政教学大纲，搭建了共享的课程思政素材资源库，编写了中国故事读本（英语），实现了专业范围内的课程思政一体化。

如图 93 所示，专业设计了应用英语专业课程思政教学体系，分为 4 个一级维度，即政治素材、道德品格、社会责任、其他素养，每个一级维度又下设 2 ～ 3 个指标点，涉及“德智体美劳”。值得一提的是，按照专业一体两翼的培养框架，社会责任中的“专业使命”下设了 1 个共性课程体系（语言类课程）和 2 个方向性课程体系（外贸和教育），并明确了 3 个子课程体系的不同教学目标。在此基础上，根据专业框架体系，构建了三个课程思政矩阵，设计了每门课程的思政任务点。基于矩阵，形成了双逻辑优化课程结构（知识技能逻辑和思政逻辑），设计了具体课程的思政教学简纲。

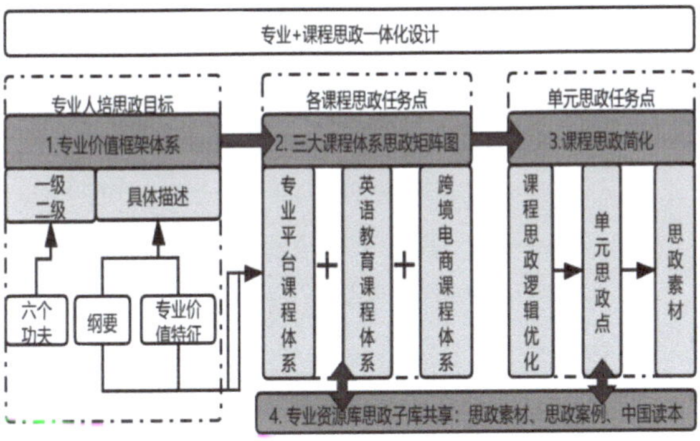

专业价值体系框架

一级维度	二级指标点	目标内涵
政治素养（德）	理想信念	树立共产主义理想，实现中国特色社会主义的共同理想，肩负民族复兴伟大使命
	家国情怀	政治认同、文化自信，国际理解、爱党爱国爱社会主义，为国奉献
道德品格（德）	品德修养	大爱大德大情怀的人，人类命运共同体
	个人品格	社会主义核心价值观，刚健有为、自强不息的奋斗精神
社会责任（知）	专业使命	具有国际视野和国际传播力，向世界讲好中国故事，传播好中国声音（语言类子课程体系/共性）
		向世界推出中国品牌，弘扬中国商业精神（外贸跨境）
		教下一代传播中国声音，双思政育人，传承中国文化（英语教育）
	职业操守	遵守外贸从业人员职业伦理、职业规范，服务于客户（外贸跨境）
		遵守教师职业伦理、职业规范，服务于接班人培养（英语教育）
其他素养（体美劳）	体育素养	强健体格、心理健康
	美育素养	发现美、感受美、创造美
	劳动素养	劳动意识、劳动技能

外贸跨境方向课程体系思政矩阵图

课程思政任务点	政治素养					社会责任							道德品格					其他素养					
	理想信念		家国情怀			专业使命				职业操守			品德修养		个人品格			体育素养		美育素养		劳动素养	
	中国梦	制度自信	政治认同	文化自信	国际理解	国际视野	中国品牌	不畏霸权	团结共进	诚信经营	遵纪守法	服务客户	人类命运共同	人文精神	平等公正	自由尊重	吃苦耐劳	强健体魄	谈判心理	发现感受产品	传播产品美	崇尚劳动	劳动技能
国际贸易实务	√	√	√	√	√	√	√	√	√	√	√		√		√				√				
外贸英语函电			√	√	√	√	√			√	√	√			√	√	√			√	√	√	√
外贸跟单证实务			√	√	√				√	√	√						√	√				√	√
外贸洽谈口语		√	√	√	√	√	√		√	√	√	√						√	√	√	√	√	√
国际经贸地理	√	√	√	√	√	√	√						√	√				√					
跨境电商实务	√	√	√	√	√	√	√	√	√	√	√	√	√	√	√	√	√	√	√	√	√	√	√
服装外贸英语	√	√	√	√	√	√	√		√	√	√			√	√	√			√	√	√	√	√
报关实务			√	√	√	√			√	√	√	√	√		√	√	√	√		√		√	√

外贸洽谈口语课程思政教学简纲

情境名称	技能任务点	思政点	思政素材
情境一：商务接待（如何展现中国接待风范礼仪）	1. 酒店预订、接机及入住	1. 国际视野	接待禁忌
	2. 宴请（菜单翻译）	2. 文化自信	中国菜名
	3. 陪同旅行及购物	3. 强健体魄	外贸小白忙碌一天
情境二：公司及产品介绍（如何向全世界展现中国制造）	1. 参展及接待	1. 产品审美	中国产品属性分解
	2. 工厂、样品间参观及接待	2. 中国品牌	典型民族品牌
	3. 阿里巴巴国际站直播	3. 文化自信	中国直播平台普及率
情境三：商务谈判（如何双赢）	1. 价格谈判	1. 遵纪守法	谈判案例
	2. 交货谈判	2. 国际理解	不可抗力案例
	3. 支付方式谈判	3. 制度自信	账单骗取案例
	4. 综合谈判	4. 谈判心理	打破僵局案例
情境四：订单跟踪（如何全心全意服务客户）	1. 催预付款	1. 诚信经营	银行转账诈骗案例
	2. 产品打样及确认	2. 遵纪守法	产品验货之对应
	3. 延期发货及提前发货	3. 全程服务	实验礼貌服务
	4. 验货及修正	4. 团队协作	验货接待人员构成
	5. 售后	5. 创新精神	售后创新解决

图 93　应用英语专业课程思政教学体系示意图

❹ 贯穿全过程的就业服务

除课程体系设置、育人模式创新外，学校还为学生高质量就业提供如下服务：

a. 与高质量企业合作，采用半工班、订单班等方式培养学生，为企业和学生双向选择提供机会，提高就业质量，达成双赢。

b. 举办合作企业巡礼活动。大一参观企业，听讲座；大二推行半工协同育人模式；大三实施全工协同育人，并实习、就业。

c. 通过校友会、优秀学长学姐案例推文、学长学姐公司招聘、学长学姐入职解答等活动，充分利用校友资源，搭建纵向多元归属感。

d. 为本科毕业学生提供就业服务，推送高质量的校企合作企业。

（2）就业工作成效与特色

❶ 成效突出：2022届毕业生跟踪调查数据位居全省同类专业前列

如表6所示，浙江省符合条件的同类专业共10个。本校应用英语专业在横向比较上，各项指标均位于前列。其中专业相关度、社会保障满意度、职业稳定度、升学率排在省内同类专业的前 1/5。

表6 浙江省内2022届同类专业毕业生就业质量跟踪对比表

项目	类别	数据	项目	类别	数据
毕业去向落实率	本校	98.56%	升学率	本校	48.33%
	同类排名	3		同类排名	2
	同类平均	95.42%		同类平均	38.11%
发展机会和锻炼平台满意度	本校	95.49%	专业相关度	本校	90.53%
	同类排名	3		同类排名	2
	同类平均	92.48%		同类平均	81.48%
岗位适应度	本校	84.50%	创新创业教育及指导满意度	本校	94.94%
	同类排名	3		同类排名	4
	同类平均	77.43%		同类平均	92.17%
工资水平	本校	7152元	人际关系满意度	本校	90.79%
	同类排名	2		同类排名	3
	同类平均	5858元		同类平均	87.85%
就业求职服务满意度	本校	95.35%	社会保障满意度	本校	85.62%
	同类排名	3		同类排名	1
	同类平均	92.25%		同类平均	78.11%

（续表）

项目	类别	数据	项目	类别	数据
职业胜任度	本校	88.31%	师德师风满意度	本校	96.34%
	同类排名	4		同类排名	4
	同类平均	84.45%		同类平均	94.13%
职业稳定度	本校	90.56%	职业发展空间满意度	本校	89.20%
	同类排名	2		同类排名	3
	同类平均	84.10%		同类平均	83.71%
校风学风满意度	本校	95.69%	离职率	本校	41.57%
	同类排名	4		同类排名	3
	同类平均	93.67%		同类平均	47.64%
总体满意度	本校	95.42%	思想政治教育满意度	本校	95.35%
	同类排名	3		同类排名	3
	同类平均	92.07%		同类平均	92.48%
就业满意度	本校	91.49%	专业课堂教学效果满意度	本校	96.17%
	同类排名	3		同类排名	4
	同类平均	86.24%		同类平均	93.78%
师生紧密度	本校	82.39%	职业发展信心	本校	0.89
	同类排名	3		同类排名	3
	同类平均	66.56%		同类平均	0.84
实践教学效果满意度	本校	94.94%	对母校的推荐度	本校	92.44%
	同类排名	4		同类排名	3
	同类平均	92.64%		同类平均	86.22%
创业率	本校	3.35%	教学满意度	本校	95.69%
	同类排名	5		同类排名	4
	同类平均	3.87%		同类平均	93.42%

❷ 基于差异化和可持续化，创新高职应用英语专业人才培养

针对“专升本率高、直接就业人数少、直接就业质量不高”的情况，专业提出了“两程”就业服务，既包括直接就业服务，又包含本科毕业后的就业服务。在“一体两翼”课

程体系的基础上，凸显英语听说能力；提高学生人文素养，加强学生中国传统文化传播能力。基于“协同育人”培养模式，提高英语专业产教融合水平，为准本科毕业生提供更持久的就业服务。

❸ 英语学习持续化，实施半工至全工的协同育人模式

专业提出了“1+1+0.5”的人才培养模式，通过第二个“1”，也就是半工半读和第三个“0.5”，也就是全工现代学徒制的综合职业能力培养，尝试解决高职英语专业“产教融合难、企业热学生冷”问题，在充分实施产教融合的基础上，让学生的英语学习不断线，满足学生可持续发展的就业和升学需求。

3. 英语教育专业（河北对外经贸职业学院）[6]

河北对外经贸职业学院连续两年入选全国高职院校国际影响力前 50 名，在全国语言类高职院校中排名第一，在文法类院校中排名第二。学院致力于打造“以外语为基础，以经贸为重点，教育、旅游、数字媒体和传媒协同发展”的国际化全国一流高职院校，培养专业素质高、应用能力强，兼具职业素养、国际视野和创新精神的高素质技术技能人才。学院着眼产教融合，深化校企合作，多举措推进现代学徒制，现为河北省国际科技合作基地和河北省国际交流与合作协会副会长单位、河北省引进外国智力先进单位，并加入了“一带一路”职业教育联盟。在 2008 年奥运会、2010 年上海世博会、2014 年北京 APEC 会议、2017 年北京服务“一带一路”国际合作高峰论坛、2018 年北京世界公众科学素质促进大会、2019 年北京世界园艺博览会、历年秦皇岛国际马拉松比赛等国内外大型活动中，学院均派志愿者团队参与服务，累计参与人数超过 5000 人次。

（1）促进高质量就业的实践策略

❶ 明确人才培养目标

随着中国与“一带一路”沿线国家和地区的合作日益紧密，国家对具有国际视野的英语人才需求量增加。英语教育专业需要根据不同地区的市场需求，调整人才培养目标，以满足区域性差异。学院从自身办学定位出发，将英语教育专业人才培养目标定为：以培养学生英语语言能力为首要目标，以服务于“一带一路”沿线国家和地区第三产业发展为重要目标，以培养基础教育英语教学技能为重要方向，以培养学生创新能力为驱动力。

6　本部分供稿人为周雪峰、李欣欣、单迎春。

❷ 优化课程体系，培养复合型人才

英语教育专业的课程设置与国际接轨，涵盖了英语语言、跨文化沟通和其他专业核心课，如国际教育管理、教育技术应用等。为了更好地满足社会需求，专业课程体系逐步优化，构建起了“外语+”的复合型课程体系。增设“一带一路”系列选修课程，如沿线国家的文化、法律、经济概况等，帮助学生在学英语的同时，掌握其他领域的专业知识，提升综合竞争力。此外，专业课程还与其他相关专业结合，构建起了更加全面的复合型课程体系，以适应社会的多样化需求。

❸ 加强实践教学，提升实践能力

为了提升学生的实践能力，英语教育专业积极建立校企合作机制，确保学生能够在真实的工作环境中应用所学知识。学院与国内外企业、教育机构建立了长期的合作关系，共同建设实习实训基地，如与新加坡投资的北京 BISS 国际学校、台港澳法人独资的北京巧智博仁国际幼儿园等合作，为学生提供真实的幼儿英语教学环境。通过定期实习和实训，确保学生能深入了解岗位需求，掌握必要的教学技能，提升职业素养和实际操作能力。此外，学院还建立了模拟英语教育与交流环境的实训平台，学生可以通过模拟教学和场景交流等项目，进一步提高英语教育水平。

❹ 拓宽国际视野，提升跨文化交际能力

英语教育专业积极推动与“一带一路”沿线国家、地区教育机构和企业的合作，建立紧密的产学研合作关系。通过交换生项目、联合办学、订单培养和联合开发课程等形式，扩大学生的国际视野，增强学生的跨文化交际能力。学院还鼓励学生参与国际志愿者活动和海外实习项目，让学生提前接触国际职场环境，了解企业需求，为未来的国际化职业发展打下坚实基础。

❺ 完善就业指导服务，增强就业竞争力

学院致力于建立完善的就业指导服务体系，为学生提供全方位的就业信息和指导。学院通过加强与用人单位的联系与合作，为毕业生创造了更多的就业机会。此外，学院还定期邀请国内外专家、学者进行讲座和研讨，分享最新的国际经贸动态和跨文化交流经验，帮助学生准确把握行业发展趋势，进一步提升就业竞争力。

❻ 积极开展产教融合，促进科教融汇

为了深化产教融合，学院建立了稳定的校企合作机制。学院与国外合作高校、地方教育局、中小学等机构共同组成教育实践共同体，促使合作伙伴深度参与专业建设、培养目标制订、实习基地建设等各方面的指导工作。通过这种机制，学院与合作方明确了在人才培养、科研合作和社会服务等方面的责任与义务，确保了校企合作的长效性和深入性。

同时，学院通过校企合作，与其他相关专业结合，形成了适应社会发展的复合型课程体系。专业课程不仅注重英语教育，还融入了跨文化交际、国际汉语教学、新媒体运营等内容，帮助学生提高文化素养，增强对中华文化的理解与传播能力。学生还可以选择日语、韩语、俄语、西班牙语等作为选修课，进一步加强语言能力，提升就业竞争力。

通过优化课程体系、加强实践教学、拓宽国际视野、完善就业指导以及积极推进产教融合，英语教育专业在促进高质量就业方面取得了显著成效。毕业生就业率较高，尤其是在教育行业、培训机构、涉外企业和文化旅游等领域的就业情况喜人。这一系列举措不仅提升了学生的综合素质和职业能力，也为他们在全球化背景下的高质量就业提供了坚实保障。

（2）专业人才培养促进高质量就业的成效与特色

❶ 职业发展前景广阔

根据 2022 年智联招聘发布的《2022 大学生就业力调研报告》，“教育 / 培训”在高校毕业生就业景气排名中位居第二，CIER 指数为 7.69。

河北对外经贸职业学院英语教育专业的毕业生在多个领域展现出良好的职业发展潜力。除了在中小学、幼儿园和培训机构等从事教学工作外，还在旅游、外贸等行业找到了适合的岗位。2024 年 6 月，学院对 2015 届至 2023 届英语教育专业毕业生进行了调研，如图 94 所示，超七成毕业生从事与英语教学相关工作，显示了专业毕业生在教育行业的强大竞争力。

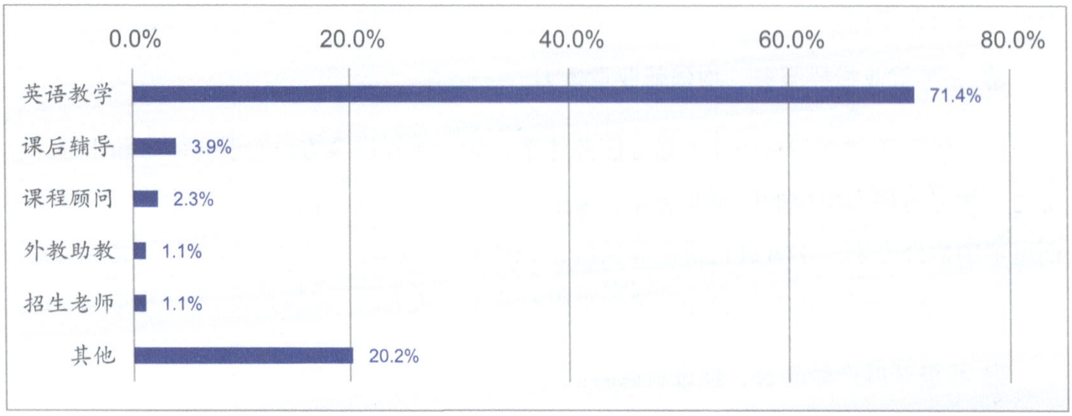

图 94　河北对外经贸职业学院 2015 ～ 2023 届英语教育专业学生就业情况统计图

❷ 社会认可度高

通过对用人单位的调研发现，河北对外经贸职业学院英语教育专业毕业生以其扎实的英语基础、出色的教学能力和良好的职业素养赢得了高度认可。用人单位认为毕业生能够迅速适应工作环境，具有卓越的团队合作精神。如图 95 所示，超七成的用人单位表示愿意继续接收英语教育专业的实习生或毕业生，反映了社会对专业培养质量的高度认可。

第6题：你所在的工作单位是否愿意接收我院小学英语教育专业的毕业生？ [单选题]

选项	小计	比例
是	128	71.91%
否	42	23.6%
如愿意能够接收多少人？ [详细]	8	4.49%
本题有效填写人次	**178**	

图 95　用人单位接收河北对外经贸职业学院英语教育专业毕业生意愿统计图

❸ 实践能力显著提升

英语教育专业强化了学生的实践环节，通过校企合作和实习实践为学生提供了丰富的实践机会。与秦皇岛海港区各小学的长期合作，使学生通过支教活动切实体会到教育工作的挑战与乐趣，进一步提升了他们的教学能力与职业素养。此外，学生还在国际赛事和中外文化交流活动中担任志愿者，通过这些外事活动，学生的跨文化意识和语言交际能力得到了显著提升，为其未来的职业发展奠定了坚实基础。

❹ 国际视野得以拓宽

英语教育专业通过开设国际文化课程、组织留学和交流活动，着力拓宽和培养学生的国际视野与跨文化交流能力。学生在参与“一带一路”倡议和其他国际项目时，能够更好地适应国际环境，发挥专业所长，体现出显著的国际化优势。英语教育专业在人才培养过程中注重与国际接轨，积极开展联合培养和交换生项目，加强与国际高校和机构的合作。通过在“一带一路”沿线国家，如玻利维亚、埃及的孔子学院的教学实践，以及与俄罗斯等国的交换生项目，学生得以拓宽国际视野，学习多元文化，为国际化职业发展奠定坚实基础。此外，学院还与新加坡、马来西亚、加拿大等国的多所高校签订了合作协议，进一步拓宽了学生的就业渠道，提升了就业质量。

❺ 建构并实施了企业导师制度

为提升学生的实践能力，英语教育专业引入了企业导师制度。与北戴河小太阳培训学校和慧文培训学校的合作，不仅为学生提供了直接接触行业前沿的机会，还通过企业导师的指导，帮助学生在实际工作中提升实践能力和创新意识。这一制度使学生在毕业前就能获得宝贵的行业经验和职业指导。

❻ 实现了多层次行业交流

学院定期组织行业交流活动，邀请企业代表、行业专家为学生提供职业发展指导。如，学院邀请北京巧智博仁国际幼儿园的教务主任进行企业文化宣讲，帮助学生了解企业运作模式，增强职业素养与跨文化交际能力。同时，学院还定期派遣教师到中小学、培训机构和国际幼儿园研修，及时更新教学内容，使课程更加贴近行业实际需求。

❼ 切实服务“一带一路”建设

英语教育专业通过多种举措，积极服务“一带一路”倡议，满足国际化人才需求。通过优化课程设置、加强实践教学和校企合作，使学生具备了较强的英语实际应用能力和跨文化交际能力，能够胜任国际化环境中的多样化岗位。这不仅提高了学生的就业质量和就业率，也推动了专业发展。

总之，英语教育专业通过优化课程体系、加强实践教学、拓宽国际视野和引入企业导师制度，有效促进了学生的高质量就业。同时，这些特色举措也推动了专业的持续发展，为“一带一路”倡议和社会各界输送了大批具备国际视野和实践能力的复合型人才。

▶ 4. 旅游英语专业（北京青年政治学院）[7]

北京青年政治学院（以下简称“北青政”）是北京市属普通高等学校，以“政治、青年、人文”为办学特色，坚持“以政治方向引领办学方向，以青年需求服务青年发展，以人文底蕴涵养学生素养”的办学理念，聚焦首都“四个中心”功能和“两区”建设，着力打造外事与旅游服务专业群，培养“政治可靠、让人放心、技能过硬、善于合作”的复合型高素质英语专业技能人才。

7　本部分供稿人为肖毅、朴美玉、何明华。

（1）专业建设与人才培养创新的实践策略和实际成效

北青政旅游英语专业以外语教育服务新时代职业教育为切入点，不断提高语言专业适应性；以外语教学改革实践中“以人为本”为立足点，切实推动语言服务发展；不断丰富职业教育外语“五金”内涵，讲好职教外语人的故事；以对表贯标提质培优为增长点，提出了新的市域（区域）行域外语专业人才培养策略。

北青政旅游英语专业（出入境服务与管理方向）的专业建设立足服务北京国际交往中心功能定位，开创了“政治素质首位、人文素养上位、职业技能本位”的三位一体人才培养模式，注重并持续推进教育链、人才链、产业链、创新链“四链融合”，先后依托京津冀出入境服务领域产教联盟、北京国际文旅服务产教融合共同体等平台，以人才链为中心，优化教育链，激活创新链，服务产业链，系统构建了“学—研—课—赛—服”等行企校政融通的协同机制，强化产教融合的适应性，助力提高专业毕业生的就业率、薪资水平和职业发展潜力。

2020 年，北青政旅游英语专业成功入选北京市职业院校特色高水平骨干专业，也是北京职业院校第一个入选特高项目的外语类专业。专业人才培养提质培优的教学改革和国际化发展特色等两项成果同时荣获 2021 年北京市职业教育教学成果奖，助力北青政至今保持着北京职业院校外语类教学成果奖获奖数量之首。根据多家第三方机构跟踪评价结果，北青政旅游英语专业位居“金平果排行榜”（2020—2024 年）和“中国高等职业院校改革活力指数排行榜”（2022 年和 2024 年）同类专业前三、GDI 高职专科专业评估榜第一（2023—2024 年唯一的 A+）。如图 96 所示，近年来，北青政旅游英语专业的就业率呈逆势上扬趋势，已成为国内同类院校品牌辨识度较高的外语类专业。

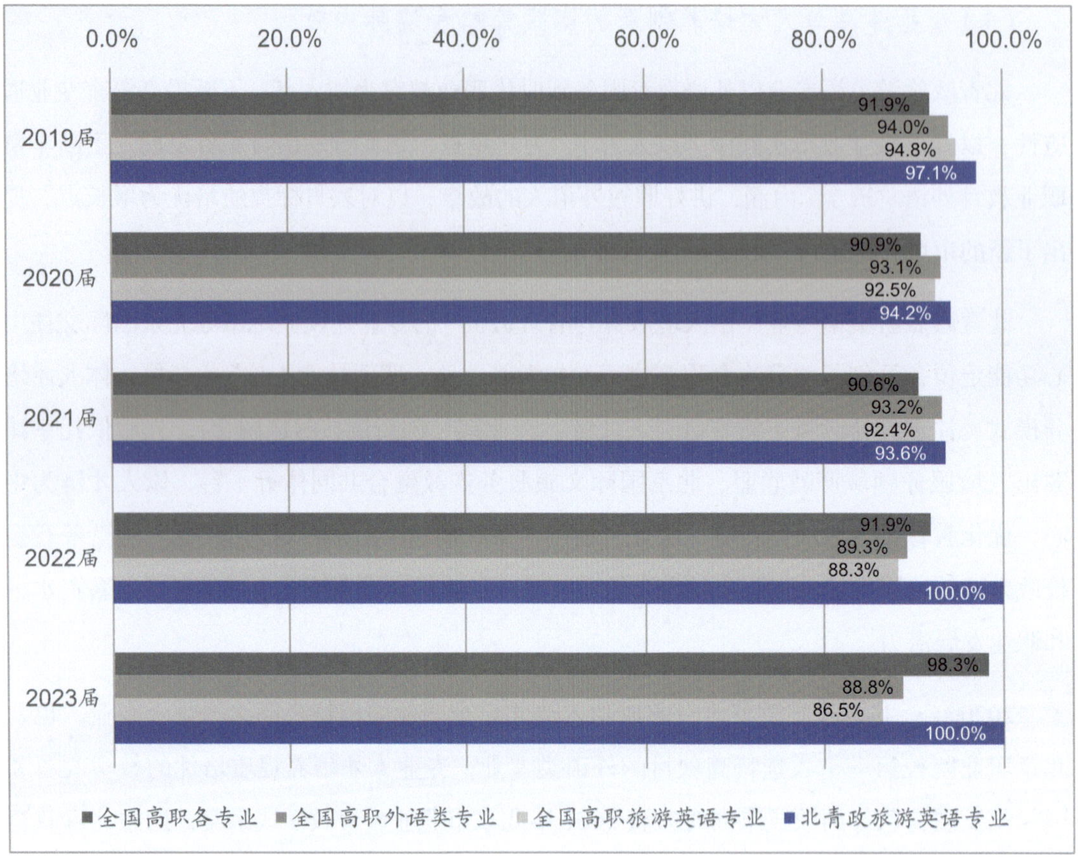

图 96 北青政旅游英语专业 2019～2023 届毕业生与同届毕业生就业率统计图

（2）毕业生高质量就业凸显北京首都特色

北京“国际交往中心”功能定位的确定，使社会对能够胜任出入境业务、跨境旅游等工作的高端技术技能复合应用型英语专业人才产生了大量需求。针对北京的这一功能定位，北青政开设了国内首个“出入境服务与管理”专业方向，现已成为特色品牌，多年来，持续夯实对口订单培养，切实提升了“英语+”多规格人才培养质量。

北青政旅游英语专业长期与国内出入境服务领域的龙头企业北京双雄对外服务公司（以下简称“北京双雄”），以及中智国际商务发展有限公司签证中心合作，牵头创立了京津冀出入境服务领域产教联盟，领衔创建了京津冀出入境多语种翻译服务大师工作室，率先创设了“讯飞杯”京津冀院校多语种职业翻译服务大赛。从起初的单一就业合作模式逐步转变为联合开发教学资源、编写职业教育国家规划教材、创设多语种实践能力赛训项目、升级数字化双语教学装备、拓展面向北京各区县外国人出入境服务大厅的员工语言培训等深层次、多领域、全方位的产教协同模式，专业毕业生在北京双雄职工中，占比达到了 10%。

北青政旅游英语专业学生毕业即就业，以行业企业用人单位眼中“靠得住、留得下、用得上”的形象，活跃于英国、加拿大、法国、荷兰、土库曼斯坦、斯洛伐克、塞浦路斯、意大利、比利时、马耳他等30个驻京使领馆签证外包公司。

5. 应用日语专业（上海工商外国语职业学院）[8]

上海工商外国语职业学院创建于2001年，以培养语言类应用型人才和涉外服务复合型人才为主。学校现有英、日、德、法、韩、西、俄等7个语种及商务、文法、机电信息及艺术设计等41个专业。学校坚持“基础适度，以德为本，外语见长，突出技能”的育人方针，紧紧围绕上海市产业企业，特别是现代服务业人才需求，积极探索“外语平台+职业技能模块”的人才培养模式改革。语言类专业围绕“打好基础、听说领先、考证考级、注重应用”的指导方针，逐步形成了“外语应用能力+职业岗位技能”的人才培养特色。学校围绕区域经济转型升级对高技能人才的需求，围绕“一带一路”多层次服务平台，不断创新办学体制机制，深化“中高职一体、专本科衔接”的人才培养模式改革，提高人才培养质量和办学水平，积极建设以应用外国语为特色的职业高等院校。

应用日语专业成立于2001年9月，是上海市“085工程”重点建设专业、校级“高等职业教育创新发展行动计划”骨干专业。专业以“日语+职业模块”和国际化为特色，先后培养了6000余名毕业生，现有在校生1000多人，招生规模在上海以及长三角地区同类院校中首屈一指。专业在人才培养、课程体系、师资队伍、校企合作、就业升学等方面均取得较好成绩。

目前，上海日企总数达10000家，占在华日企总数的约1/3，上海也是全国日资企业最为集中的地区。目前，中日在经贸合作方面，仍有相当大的上升空间，为此，应用日语专业不断探索人才培养模式的创新改革。

专业将“语言+职业技能”中的“职业技能”确定为以“跨境电商”为主，同时注重培养学生使用数字化工具解决实际问题的能力。即培养同时具备语言知识、专业技能和数字技能的创新复合型日语人才。

8　本部分供稿人为张冬梅、秦冉阳、孟晶。

（1）专业改革与促进就业的实践策略

❶ 不断完善人才培养方案

首先，动态调整培养方案。目前已形成了“运行意见反馈—新市场调研—初步设置方案—专家组论证—方案制订—方案运行—师生及企业专业意见收集”的动态正向循环模式。通过这一模式，定期进行行业调研和企业需求分析，了解市场变化和企业用人要求变化，邀请企业专家参与课程设计。根据调研结果，及时调整课程设置和教学内容，确保人才培养紧跟行业发展趋势。校企联合共同制订人才培养方案，确保培养的学生符合企业需求。

其次，设计模块化课程。将语言学习与职业技能培训紧密结合。应用日语专业目前有普通专业、中高职贯通、高本贯通三个类型。普通专业中，根据学生入学时的日语水平，分为平行班和高起点班。根据学制和学年的不同，在综合日语、日语视听说、商务日语等专业课基础上，增加了“跨境电商”等课程。“跨境电商”涵盖了跨境电商平台操作、跨境电商市场营销、跨境物流管理等内容，使学生能够掌握当前最热门的跨境电商运营技能，提升其就业竞争力。同时，学校还积极引入最新的行业案例和仿真项目，确保教学内容的实用性和前沿性。

最后，鼓励学生考取职业证书和参与实训。鼓励学生考取各类职业资格证书，如日语能力考试（JLPT）、实用日语鉴定考试（J-Test）、阿里巴巴跨境电商证书等，并为他们提供相关考试培训机会。同时本专业拥有外语情景实训基地、商务实训基地等实训基地及多个实训室，能够开展岗位认知实训、跨境电商实训、职场办公实训等多个实习实训项目，给学生提供丰富的实践机会。

❷ 深化产教融合与国际合作

首先，加深校企合作。专业与 14 家优质企业建立了长期合作关系，企业类型涉及外贸、销售、酒店服务等多个行业。除邀请企业专家进课堂外，专业还积极开展企业参观及实习活动。每年毕业季，都会邀请企业来校进行专项招聘或宣讲，为学生提供更对口的就业岗位。

其次，加深国际合作。加强与日本及其他国家高校和企业的合作。目前专业与多所日本大学合作开展了各种长短期留学和访学项目。通过国际交流合作，拓宽和加强了学生的国际视野和跨文化沟通能力。同时学校提供海外实习机会，学生通过参与海外实习，不仅能提高语言能力，还能了解不同国家的文化和工作方式，提升国际竞争力。

（2）提高就业率的举措与成效

首先，夯实就业指导服务。为学生提供就业全过程指导，包括职业规划、简历制作、面试技巧等。通过就业指导服务，帮助学生顺利进入职场，提升就业率和就业质量。

其次，充分利用校友资源。教师和辅导员与毕业生保持沟通，充分利用校友资源，为学生提供实习及就业岗位。

最后，持续跟踪，建立毕业生跟踪服务机制，了解毕业生的职业发展情况，提供职业提升和再培训服务。通过持续跟踪，帮助毕业生实现职业发展的长远目标。同时也能及时了解毕业生的职业发展情况，根据反馈意见，调整和优化人才培养方案，提高人才培养质量。

在上述努力的基础上，如表 7 所示，近 5 年来，学校毕业生平均就业率大部分情况下高于上海市平均就业率。

表 7　上海工商外国语职业学院 2019—2023 年应用日语专业毕业生就业率统计表[9]

年份	应用日语专业毕业人数	应用日语专业毕业生就业人数	就业率（%）	上海市平均就业率（%）	与上海市平均就业率差异（百分点）
2019 年	217	216	99.54%	96.38%	3.16
2020 年	232	236	98.31%	93.14%	5.17
2021 年	388	417	93.05%	94.87%	−1.82
2022 年	373	391	95.40%	93.95%	1.45
2023 年	405	407	99.51%	95.32%	4.19

如图 97 所示，近 2 年来，学校毕业生就业对口率超七成，而且高于全国同届，这表明绝大部分毕业生从事的工作与所学专业对口或相关。

9　上海工商外国语职业学院招生就业处（编），2019 ～ 2023 届毕业生就业质量年度报告 [G]

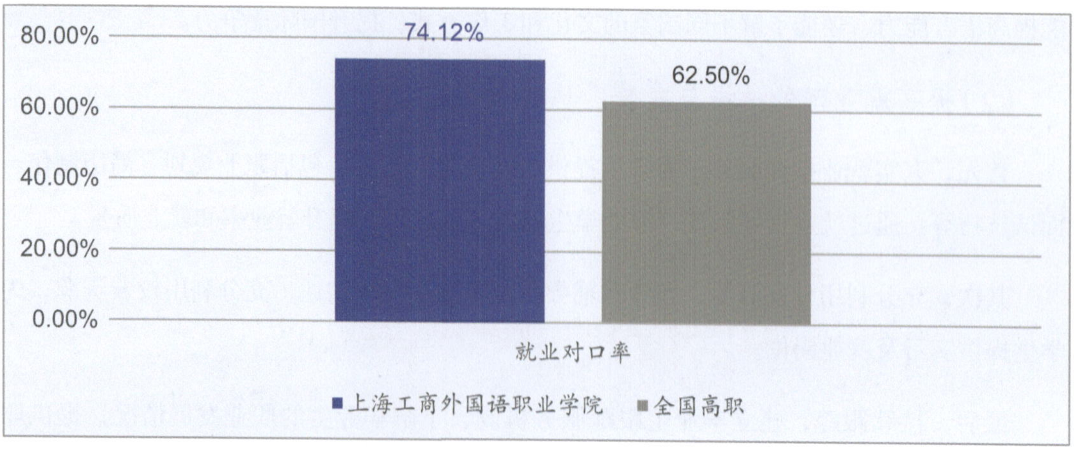

图 97　2022—2023 年上海工商外国语职业学院毕业生与全国同届高职毕业生就业对口率统计图

除就业外，如表 8 所示，应用日语专业近 5 年来平均专升本率一直较高。

表 8　上海工商外国语职业学院应用日语专业 2019—2023 年毕业生专升本情况统计表

年份	应用日语专业毕业生人数	国内专升本人数	出国留学人数	专升本率
2019 年	217	31	57	40.55%
2020 年	236	43	74	49.58%
2021 年	417	84	51	32.37%
2022 年	391	126	49	44.76%
2023 年	407	139	44	44.96%

未来，应用日语专业将继续深化产教融合和科教融汇，不断创新人才培养模式，在现有“语言+技能”的基础上，加强对学生数字技术素养的培养，打造更多适应市场需求的高素质复合型语言人才。同时，将继续深入分析就业形势，关注就业工作中的短板，持续狠抓就业工作落实，为服务区域经济发展贡献力量。

6. 应用俄语专业（江西外语外贸职业学院）[10]

江西外语外贸职业学院是江西省唯一一所以培养外语和外经贸应用人才为主的高职院校。学院秉承“培养高素质技术技能型人才”的办学理念，通过深化产教融合和校企合作，推动教育链、人才链与产业链的有机衔接。随着全球化进程的加快和“一带一路”倡

10　本部分供稿人为钟青璇、莫骏超、杭晓燕。

议的推进，国家对俄语人才的需求也不断扩大。学院敏锐把握这一需求，致力于培养具有国际视野、专业素养和实践能力的俄语人才，并以此为专业建设改革的方向。

应用俄语专业紧密围绕区域经济发展和社会需求，通过积极参与社会服务，不断提升专业服务能力和社会影响力。应用俄语专业高度重视学生的职业发展和高质量就业，采取了优化课程设置、强化实践教学、开展职业指导等措施。2019 年到 2023 年间，应用俄语专业师生参与社会服务工作 20 余次，不仅提高了俄语语言水平，还积累了丰富的跨文化交流经验，加强了实际操作能力。毕业生在就业市场上也具有明显的竞争优势，能够胜任国际贸易、对外交流等相关工作，获得用人单位的好评。

（1）专业建设改革的实践策略

❶ 深化产教融合

a. 深化校企合作模式

专业与南昌市柏倩化妆品有限公司、南昌市谷腾科技有限公司、南昌安欣国际旅行社有限公司、轿铁物流（上海）有限公司、深圳市法拉电子实业有限公司等十余家企业建立了稳固的合作关系。通过与企业签署校外实训实习基地合作协议，将课程内容与行业发展、企业需求紧密结合，共同开发课程。这一举措显著提升了学生的实际操作水平，提高了学生的职业竞争力。这种合作模式也确保了教学内容的实用性，有效拉近了学校教育与市场需求之间的距离，为学生未来的高质量就业奠定了坚实的基础。

b. 推行企业导师制度

专业邀请企业专家担任导师，为学生提供专业的职业指导和深入的行业讲解。通过这种有针对性地辅导，学生能够更加清晰地了解行业趋势和职业发展路径，从而前瞻性地规划自己的职业生涯。

c. 提供海外就业机会

专业为学生提供了丰富的海外就业机会，特别是在俄罗斯、格鲁吉亚、哈萨克斯坦等国，每年提供至少 15 个职位。不仅拓宽了学生的全球视野，还显著提升了他们在国际职场上的竞争力。

❷ 创新科教融汇

a. 课程设计注重跨学科性

通过将俄语与国际贸易、跨境电商等相关学科结合，致力于培养学生的综合素质和跨学科思维能力。这种课程设计不仅拓宽了学生的知识面，还提升了他们在实际工作环境中的适应能力和就业竞争力，能帮助他们更好地应对复杂的职业挑战。

b. 加强国际交流与合作

专业与国内外高校建立了广泛的合作关系，为学生提供了丰富的交流机会。这些活动不仅拓宽了学生的学术视野，还促进了国际知识的共享与合作。如，学生曾赴俄罗斯萨马拉州参加中俄“两河流域”青年论坛。通过这些国际交流活动，学生得以深入了解俄罗斯文化和更多学术前沿动态，进一步扩宽了他们的全球视野。

c. 创新实训室建设

专业建立了多个现代化实训设施，包括俄语语言综合实训室、多语言商务服务实训室、社会服务实训室、多语言职业技能实训室、多语言商务虚拟仿真实训室，以及兰鸽翻译社等。这些实训室充分利用信息技术，旨在提升教学效果，同时紧密结合就业需求，提升学生的实际操作能力和职业技能水平。

（2）促进高质量就业的实践策略

应用俄语专业高度重视学生的职业发展和高质量就业，为此采取了多种措施，旨在提高毕业生的就业率和就业对口率。

❶ 就业指导与职业规划

专业开设职业发展课程，帮助学生了解不同职业，明确个人职业目标和规划。提供就业咨询服务，由专业的就业顾问为学生提供一对一的职业规划和就业指导。定期发布行业分析报告，让学生了解最新的就业市场需求。通过指导学生参加职业规划大赛等活动，进一步提升他们的职业竞争力和实践能力。

❷ 校企合作与实习机会

与企业合作，开发定制化实习项目，确保学生能够在实习中获得与专业相关的实践经验。专业建立了企业实习基地，为学生提供稳定且富有针对性的实习机会，帮助他们积累实际操作经验。通过推动实习与就业一体化，鼓励企业在学生实习结束后提供就业机会，从而提升学生的就业率。

❸ 就业信息服务

建立就业信息平台，发布最新的就业信息和招聘动态，帮助学生及时了解就业市场。定期举办校园招聘会，邀请企业参与，为学生和企业搭建直接沟通的桥梁。利用校友资源，为学生提供就业信息和职业发展机会。

❹ 个性化就业支持

根据学生的兴趣和特长，提供个性化的就业方案和职业发展建议。为毕业生提供就业跟踪服务，持续关注其职业发展，并提供必要的支持和帮助。还为需要换工作的毕业生提供全面支持，包括职业培训和职业咨询等，帮助他们提升就业竞争力，顺利实现转换。

❺ 跨文化能力培养

通过参与国际交流项目，学生可以拓宽国际视野，加强跨文化沟通能力。专业努力为学生创造外语学习环境，以增强其就业竞争力。还定期举办多元文化活动，如国际文化节、外语之声和外语角等，帮助学生在实践中体验和学习不同文化，进一步提升他们的全球适应能力和职业竞争力。

❻ 持续跟踪与反馈

对毕业生进行定期跟踪调研，了解其就业状况和职业发展需求。建立教学反馈机制，根据毕业生的反馈调整教学内容和方法。制订持续改进计划，不断提高教学质量和学生就业质量。

（3）毕业生就业成效与特色

❶ 高就业率

应用俄语专业毕业生在就业市场上表现出色，能够在毕业后迅速找到与专业相关的工作。根据统计数据，2019 年至 2023 年，应用俄语专业学生的就业率连续四年保持在 95% 以上。这不仅是对应用俄语专业过硬教学质量的肯定，也表明了社会对俄语人才的旺盛需求。

❷ 对口就业

应用俄语专业毕业生就业对口率较高。2019 年至 2023 年，应用俄语专业毕业生的就业对口率呈现逐年上升的趋势。尤其是 2023 年，就业对口率达到了 75%。这表明专业在培养符合行业需求的专业人才方面取得了显著成效。

❸ 职业发展

应用俄语专业的毕业生表现出了令人瞩目的潜力和成长性。随着中俄交流的不断深化，高中俄语教师岗位应运而生，为毕业生提供了更多的就业选择。2019 年至 2023 年，每年有 20% 到 30% 的学生选择这一岗位。这一变化不仅拓宽了应用俄语专业毕业生的职业发展前景，也进一步证明了该专业的实用性和适应性。

❹ 薪酬水平

应用俄语专业毕业生在薪酬方面表现出显著优势，其起薪水平和薪酬增长速度均高于行业平均水平。2019 年之前，应用俄语专业毕业生的起薪在 5000 元至 6000 元之间。而在 2019 年到 2023 年，起薪达到了约 7000 元。同时，入职一年后的薪酬通常可达 9000 元。这不仅体现了应用俄语专业毕业生的职业价值，也为毕业生未来的职业发展奠定了坚实的基础。

❺ 就业满意度

根据 2019 年到 2023 年的调研数据，应用俄语专业毕业生对就业岗位的总体满意度达到了 85%。这不仅反映了毕业生对自身工作岗位和职业前景的认可，也显示了应用俄语专业课程设置和就业指导服务在实际就业中的有效性。

▶ 7. 应用西班牙语专业（义乌工商职业技术学院）[11]

义乌工商职业技术学院的前身是创办于 1993 年的杭州大学义乌分校，开创了浙江省县级行政区办大学的先河。2002 年，学校恢复国有公办，迈入打基础、创特色的新阶段。2020 年，学校顺利通过浙江省优质校验收，以第七名的成绩进入浙江省高职高水平学校建设名单。学校坚持深化“义乌发展经验”，秉承“尚德崇文，创业立身”的校训精神，坚持“根植义乌、服务区域、走向国际”的办学定位，走出了一条以“创”立校的办学之路，形成了创业教育、创意教育、国际教育三大办学特色，构建了高职院校城校联动发展的“义乌模式”，发展成为一所名副其实的“建在市场里的大学”。

11　本部分供稿人为盛湘君、杨信、吴苏苹。

2019年9月3日，《中国教育报》以“办在小商品市场里的大学”为标题，在头版头条报道了义乌工商职业技术学院与义乌市场的共融共生关系。报道中形象地说：“一座创业城成就一所创业校，一所创业校反哺一座创业城。”可以说，义乌工商职业技术学院的发展史就是义乌市场改革发展史的缩影。学校连续两年入选全国高职院校服务贡献60所典型院校、学生发展指数100所优秀院校、教师发展指数100所优秀院校榜单，荣登全国职业院校“人才培养卓越校”“服务贡献卓越校”“产教融合卓越校”三大榜单。

学校积极服务“一带一路”倡议等国家和区域经济发展战略需求。2013年，外语外贸学院组建多语种教研室，下设西班牙语、阿拉伯语、葡萄牙语、韩语、日语、德语和法语等语种，在多语种外语人才培养上拥有强大的师资力量和丰富的办学资源。2016年，义乌工商职业技术学院在国际经济与贸易专业开设西班牙语方向；2017年正式设立应用西班牙语专业，现在校生共有163人，已毕业学生208人。近年来，学校以浙江省高职高水平国际经济与贸易专业群建设为契机，对应用西班牙语专业进行内涵升级和数字化改造，凸显职业教育类型特征，数字赋能专业建设，培养“精通语言、畅通商贸、融通中外”的高素质复合型技术技能人才。

（1）高质量建设专业群：打造“外语+专业”人才培养新范式

❶ 强化高职专业群核心办学能力

义乌工商职业技术学院国际经济与贸易专业群秉持“语通中外、贸达全球”的办学理念，对接“国际贸易综合改革试验区”“中国（义乌）跨境电商综合试验区”与中国（浙江）自贸区义乌区块建设等国家战略对数字贸易人才的需求，以及“国家数字经济示范省”“数字浙江”和数字经济创新提质“一号发展工程”等地方发展战略，持续深化产教融合、科教融汇、城校融通，构建起了以国际经济与贸易为龙头，以现代物流管理、国际商务为骨干，以应用英语、应用西班牙语为两翼的国际经济与贸易高水平专业群，着力培养数字贸易领域国际适应力和创新创业力强的高素质复合型数字贸易人才，为推动浙江数字贸易产业高质量发展，提供强有力的技能人才支撑。

其中，国际经济与贸易专业培养具备“一般贸易+跨境电商+市场采购”知识与技能的高素质复合型技术技能人才。现代物流管理专业培养“精通实操、通晓商贸、敢于创新”的国际商贸物流人才。国际商务专业培养“跨境为基、贸易支撑、创业驱动、数字赋能”的数字贸易复合型人才。应用英语专业为外贸企业和涉外单位培养“强英语、懂商务、善沟通”的高素质技术技能人才。应用西班牙语专业培养具有过硬语言技能和跨文化交际能力的复合型西班牙语人才。

经过三年多的建设，国际经济与贸易专业群深入推进产业链、教育链、创新链“三链”贯通，积极探索产教融合的新模式、新路径，现已取得国家标志性成果40项、省级标志性成果103项，专业群聚焦核心办学能力，积极打造“外语+专业”人才培养新范式，为推进省内外同类专业高质量发展提供可推广、可借鉴的经验。

❷ 基于专业群建设的“西语+商贸”人才培养模式

a. 探索专业与区域产业（链）对接

目前，绝大多数传统外贸公司正积极寻求转型升级，纷纷涉足数字贸易领域。这些企业对跨境电商客服、跨境数字化平台运营等岗位的需求十分旺盛。为满足“一带一路”倡议对复合型外语人才的迫切需求，适应新时代人才培养理念和模式，义乌工商职业技术学院依托义乌得天独厚的国际商贸环境，立足“世界小商品之都”，因时、因地制宜，对传统外语课程体系进行优化升级，建立起“多语种复语、跨专业复合”的外语类专业内涵化发展新生态。基于此，西语专业人才培养目标定位为培养“外语+”复合型涉外高技能人才，学生需要既有扎实的外语语言技能与跨文化交际能力，又要懂得数字贸易运行规则。

b. 重构“外语+商贸”人才培养课程体系

义乌工商职业技术学院立足区域特色和外贸行业发展新业态，对应用西班牙语专业进行“专业重塑”。基于所在专业群的“平台+模块+互选”的课程体系，构建了“1+2+N”“语商互融、双核共进、理实一体”的课程体系。其中，“1”指公共课，注重对学生思想政治素质、文化素质、职业素养、身心素质的培养，为未来的职业核心素养打好基础。“2”包括专业课程（基础+核心）和专业综合实践课程。通过专业基础课程，培养学生扎实的西语听说读写译技能；通过专业核心课程，增强学生的跨文化沟通能力。专业综合实践课程体系逐层递进，进一步提升学生专业技能。“N”为专业拓展选修课程，开设了数字贸易、跨境电商、现代供应链管理、财务管理等课程，拓展学生知识面，加强职业能力。

同时，专业还构建起了“两融合、三递进”的阶梯式实践教学体系。“两融合”强调语言能力和岗位能力的融合，“三递进”强调通过专业认知、市场认知和岗位认知的实训课程体系，使学生达到“语言基本技能—语言提升技能—岗位综合实践技能”递进提升。通过组织学生深入义乌市场实习，在提升技能的同时，不仅树立了文化自信、拓宽了国际视野，还使学生零距离感受到了商户的商业智慧和创业劲头，弘扬了“义乌精神”，培养了学生敢为人先、多元思维、合作包容的精神。

c. 深化产教融合，提升学生“语言+”能力

打造“西语社”“西语角”双平台，丰富第二课堂打好语言基础。成立“西语社”，定期举办听音乐、看电影、品美食、共舞蹈等丰富多彩的活动。定期举办“西语角”，邀请外国友人和企业家参与，为西语学习提供沉浸式体验。激发学生学习西语的热情与信心，帮助学生提升语言能力，拓宽国际视野，深入了解多元文化。

组建西语“跨境直播团队”“外贸服务团队”双团队，实现学生的个性化、多元化发展。根据产业发展要求和岗位群人才需求，尊重学生的个性化选择，实施个性化精准培养，对接义乌思梵网络科技有限公司和义乌珞瓦进出口有限公司等十余家跨境电商和外贸企业，根据学生能力匹配岗位，为企业提供服务，让学生在实战中锻炼成长。

升级“海外—校外—校内”实习实训基地，助力国际化应用型人才培养。与义乌西班牙交流基金会合作建设“西班牙语专业学生海外实训基地”。截至 2024 年 5 月，已累计选派 15 名西语专业学生参与海外实训项目。学校与国际商贸城第一分公司共同打造实训实践基地，成立跨境电商直播产教融合基地，主要通过 TikTok 平台，采用“市场走播模式”，帮助商户开拓海外市场。引企入校共建多语种直播基地，使教学与企业实践无缝对接，打造多语跨境电商直播典型生产实践项目。在陆续更新语言实训室软硬件的基础上，升级口译实训室，促进职业教育数字化转型。

d. 加强国际交流，提升跨文化交际能力

定期开展“丝路 e 行国际青年对话”活动，推动青年群体互动交流。与西班牙马德里远程教育大学（UDIMA）、西班牙马德里康普顿斯大学（UCM）等近 10 所大学合作，学校先后派出 10 余名师生赴西班牙马德里康普顿斯大学、西班牙格拉纳达大学、马拉加大学等院校参加交流生项目或攻读学位。专业教师参加“伊拉莫斯+”项目，赴马德里远程教育大学开展跨境电商培训，介绍义乌市场发展、电商产业和学校创业教育情况，受到当地师生欢迎。自 2022 年以来，学校联合组织全国高职院校商务西班牙语微视频大赛，提升学生“讲好中国故事”的能力，促进中国文化走出去，提升国家文化软实力。同时，吸引西班牙 MBA 专业游学团、“义新欧”发现之旅等代表团访问，加深了学员们对义乌电子商

务、国际贸易、国际物流等发展情况的理解，对促进两国高校学子相互了解、义乌和马德里两地“民心相通”起到了积极作用。

❸ 以服务区域就业为核心，打造立体式就业指导服务

高标准落实访企拓岗。“学校—学院—专业—专任教师”各层面深入走访企业，听取企业反馈，及时跟进行业发展新动态，全面了解用人单位人才需求，为学院人才培养、就业指导提供依据。专业年均走访企业 20 家左右，每年新增实习基地 2 家。

开展高水平校企合作。常态化开展校企合作人才供需对接活动，持续为在校生和毕业生提供实习实践和就业岗位资源。将与阿里巴巴（中国）网络有限公司合作的教育部就业育人项目作为进一步拓宽毕业生就业渠道和提升毕业生就业能力的重要抓手。

举办高质量招聘活动。学校“抢抓黄金期，全心促就业”系列服务活动被新华社、《中国教育报》、光明网等主流媒体多次报道。充分发挥校园招聘主渠道作用，重点做好小而精、专而优的专场招聘，既有学徒制合作企业的专场招聘会，也有聚焦地域的招聘会，还有行业特色的专场招聘会。

持续推进就业工作。紧扣关键节点，在毕业综合实践动员会召开之后和学生专升本考试结束之后，专业“送生入企”，积极组织毕业生走访合作企业，以实地走访、座谈交流等形式与义乌一米供应链管理服务有限公司、义乌凝波进出口有限公司、义乌布斯等亟需西语人才的企业，就人才需求和招聘要求进行深入交流。有的企业直接为学生现场面试，并反馈面试中存在的问题，为学生准备面试提供了有益指导。

创业与就业相辅相成。一方面，创业能增加就业机会。通过实地考察杰出校友创立的企业，可以深入了解企业的实际需求。同时，一些正在创业的在校学生也向即将毕业的学生抛出了合作的橄榄枝，与其他企业一起竞争顶尖人才。另一方面，创业精神能够激发更多的创业。学院通过组织杰出校友和企业领袖参与“班级行”和“课堂行”等活动，进一步激发了学生的创业热情。

提供有温度的就业服务。学校精细化管理，充分调动各方力量，以专业、班级为单位，采用人对人的精准对接方式，详细了解每名毕业生的实习和就业动态，建立分类台账，实现了一生一档、一生一策，为有效推进就业创业工作打下了坚实基础。精心服务，举办毕业生就业服务系列讲座，服务学生高质量就业。举办简历制作大赛，提升学生简历制作水平。借区域政策优势，学校联合市人社部门，积极开展“大学生就业创业政策宣讲”等活动，积极深入做好政策宣传工作，让更多毕业生愿意留下来。精准对接，充分整合校内力量，让二级学院班主任及专业教师全面下沉，深入开展“党建+”就业帮扶活动，建立了1名党员教师帮扶1名贫困生、诊断2份简历、推荐3个岗位的“1+2+3”就业“包干”制度，形成了领导联系专业、专业主任负责专业、专业教师对接班级、党员教师对接困难生的人人参与的局面。

（2）就业成效与特色

学校创新探索“多语种+商科”教学模式，培养了一批“懂理论、能实战”的西班牙语复合型人才，助力义乌区域经济发展。随着中国与拉美贸易的扩展和“义新欧”铁路的运营，如图98、99、100所示，义乌及其周边地区对西班牙语人才的需求不断增长，为应用西班牙语专业的毕业生提供了广阔的就业前景。

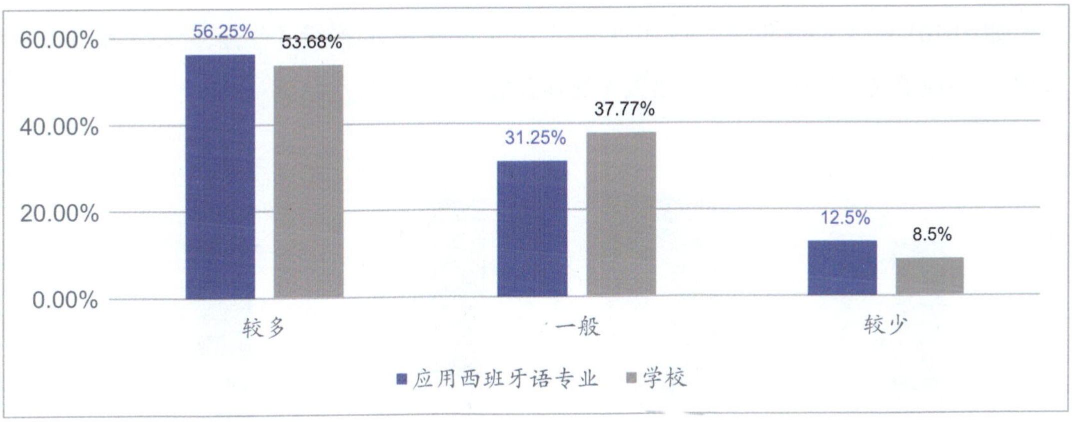

图98　义乌工商职业技术学院2021届应用西班牙语专业和全校毕业生就业机会统计图

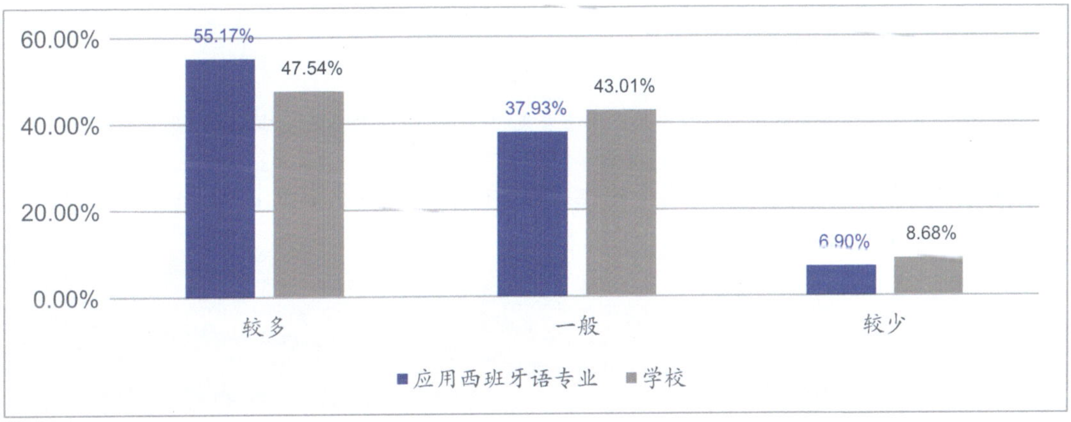

图99　义乌工商职业技术学院2022届应用西班牙语专业和全校毕业生就业机会统计图

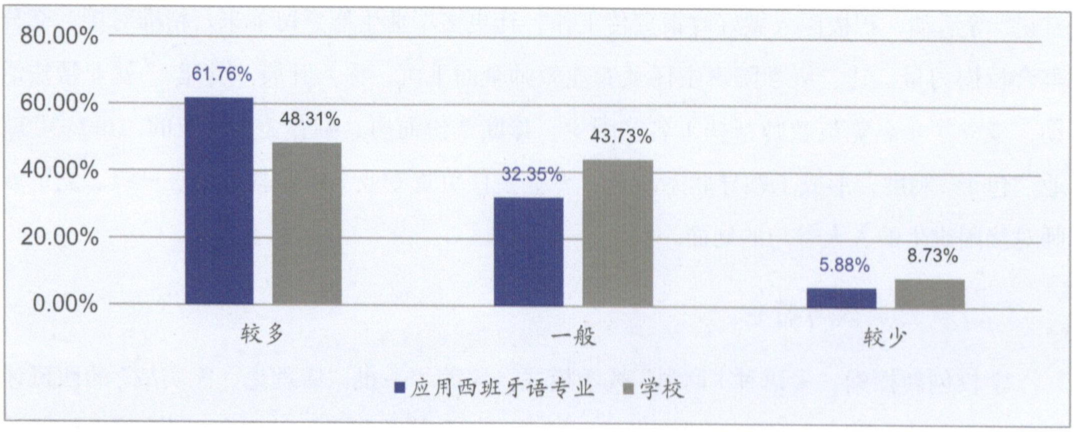

图 100　义乌工商职业技术学院 2023 届应用西班牙语专业和全校毕业生就业机会统计图
（注：所有数据均来自义乌工商职业技术学院招生就业处公开发布的毕业生就业质量年度报告，因 2020 届毕业生为国际经济与贸易下设西班牙语方向，故无单独数据。）

如图 101 所示，近年来，应用西班牙语专业毕业生连续 4 年毕业去向落实率为 100%，展现了义乌就业市场对西语人才的强劲需求。

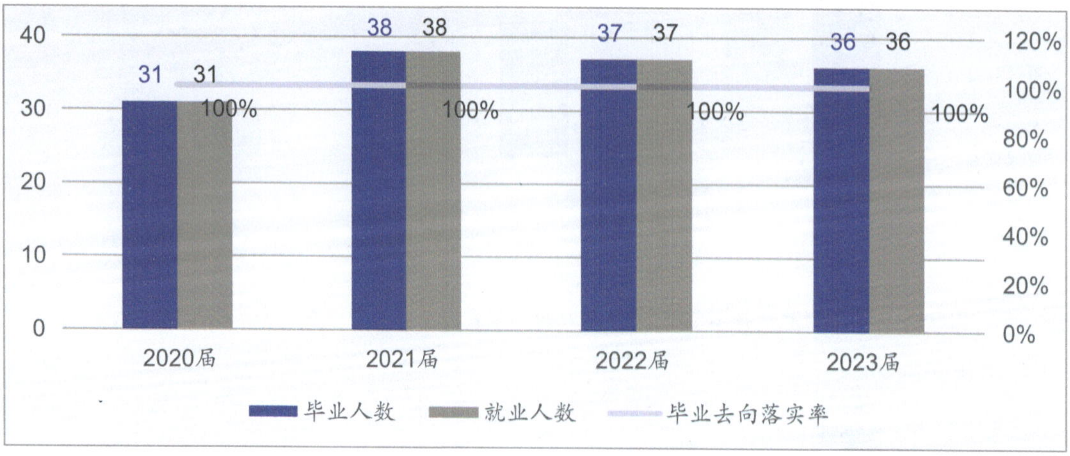

图 101　义乌工商职业技术学院应用西班牙语专业 2020 ～ 2023 届毕业生毕业去向落实率统计图

如图 102 所示，与学校平均水平相比，应用西班牙语专业毕业生的薪资显示出明显的上升趋势，反映了西语专业人才的市场价值。

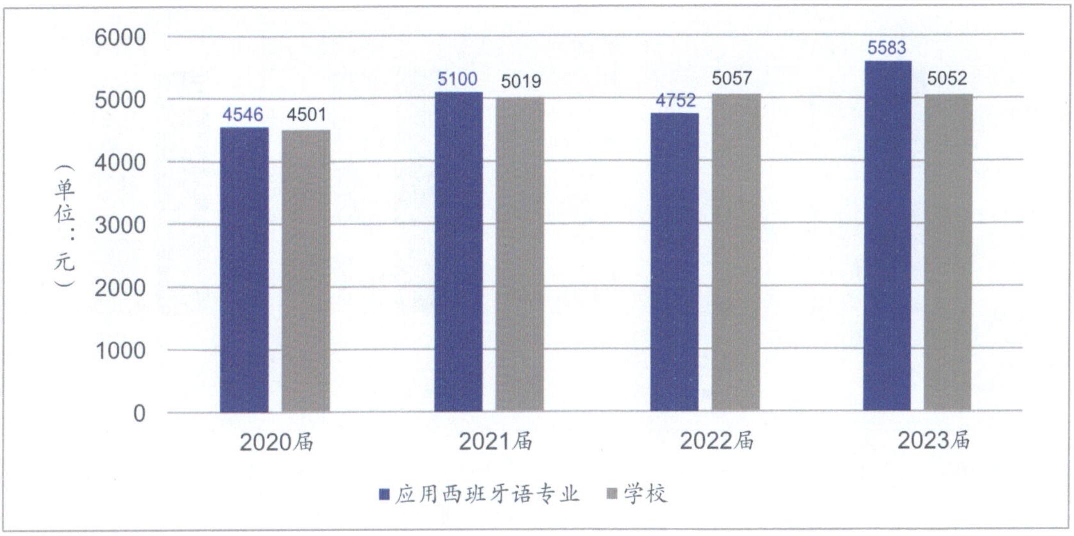

图 102　义乌工商职业技术学院 2020~2023 届应用西班牙语专业和全校毕业生薪资情况统计图

毕业后继续深造是许多学生提高自身素质、提升就业竞争力的重要途径，也是高校培养高学历、专业化、学术型人才的必由之路。应用西班牙语专业学生可以通过国内专升本、西班牙专升硕等渠道升学。如图 103 所示，义乌工商职业技术学院每年都有多名应用西语专业的优秀毕业生顺利通过专升本考试，进入中国计量大学、温州大学、浙江财经大学等高校学习。同时，学校与西班牙康普顿斯大学建有合作项目，应用西语专业学生可以在大三时选择赴西班牙继续深造，一般一到两年即可取得两国认可的硕士文凭。

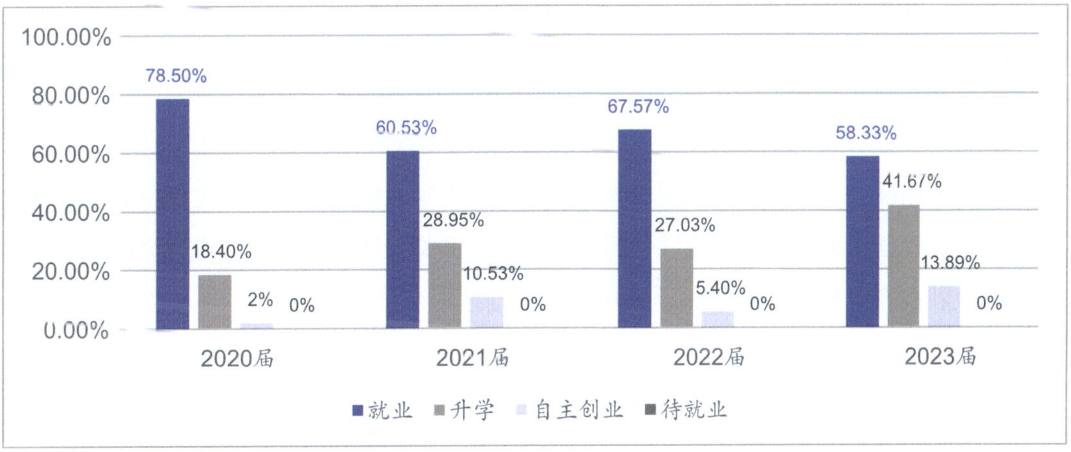

图 103　义乌工商职业技术学院应用西班牙语专业 2020 ～ 2023 届毕业生去向统计图

如图 104 所示，近几届毕业生对母校的满意度都为 100%，可见应用西班牙语毕业生对在母校所学知识满足工作要求的程度、校风学风等方面均比较认同。

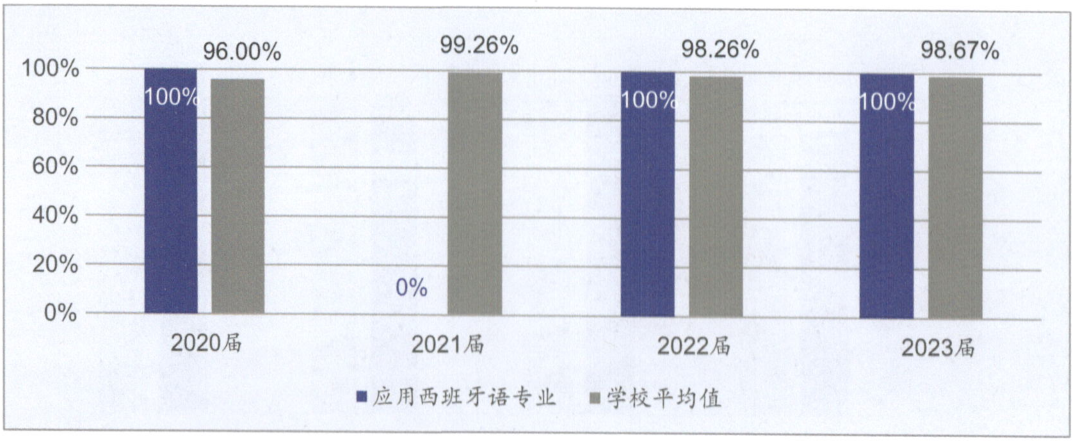

图 104　义乌工商职业技术学院应用西班牙语专业 2020 ～ 2023 届毕业生对母校满意度统计图
（注：学校未提供 2021 届各专业单独数据。）

综上所述，应用西班牙语专业的毕业生不仅实现了充分就业，而且在就业质量、薪资水平、升学以及对母校的满意度等方面均表现出较高的水平，充分体现了该专业在社会需求和人才培养方面的成功。

8. 应用阿拉伯语专业（金华职业技术大学）[12]

2024 年，经教育部同意，基于金华职业技术学院成立金华职业技术大学（以下简称“金职”）。其前身金华职业技术学院于 2007 年入选国家示范性高职院校建设单位名单，2017 年成为浙江省高职重点校，2019 年 6 月入选国家优质专科高等职业院校名单，2019 年 12 月成为中国特色高水平高职学校和专业建设计划高水平学校（A 档）建设单位。

学校坚持以专业建设为核心，推动专业智能化、数字化转型，绿色化改造，持续深化专业品牌建设。学校先后获评国家级众创空间、国家级创新创业学院建设单位、教育部首批职业院校创新创业教育基地、全国高校职业生涯特色咨询工作室。作为全国 100 所毕业生就业状况布点监测高校之一，每年向社会输送毕业生 7000 余人，毕业生去向落实率超过 97%。生源质量逐年提高，2022 年、2023 年省内普高类招生一段线投档连续两年达 100%。

应用阿拉伯语专业隶属商学院，学院把握数字经济背景下长三角一体化发展、内陆开放枢纽建设的机遇，紧紧围绕数字商贸人才培养，通过建设以商务运营为核心，数字营

12　本部分供稿人为余燕芳。

销、财务与商务数据管理、涉外商务交流等为支撑的新商科专业群，积极打造集教学、科研、社会服务、文化传承、国际交流等功能于一体的新商科人才培养和创新服务基地，努力建成在综合育人、校地互动、创新创业、融合发展等领域有金职特色的新商科样板学院。

应用阿拉伯语专业设立于2007年，是浙江省第一个阿拉伯语专业。专业培养三年制大专学历人才，每年招生人数为40人左右，目前在校生150余人。累计培养毕业生千余人，分布于浙江省内外贸企业、涉阿服务岗位。专业致力于培养适应“一带一路”倡议需求，掌握阿拉伯语语言与国际贸易专业知识与技术技能，面向阿拉伯语现场翻译、商务服务、外贸业务、跨境电商服务等领域，能够从事现场翻译、商务咨询、涉阿贸易等相关工作的高素质技术技能人才。

2019年以来，金职落实以群建院，凸显专业优势。应用阿拉伯语专业依托新商科专业群内电子商务、市场营销、商务数据学科优势，构建“岗课赛证研”育人体系，确立了“语言+商务+文化”的人才培养目标，对接区域小商品市场贸易人才需求，通过一二三课堂联动，实现人才专业能力与行业需求相匹配，提高就业质量。

专业依托区域经济优势和专业特色，为企业提供培训，2019—2023年，共培训1800人次，其中外籍员工600人次。

（1）专业人才培养改革与推进就业的实践策略

为适应行业发展变化，学校通过定期开展产业调研，及时调整专业育人具体目标，构建新商科特色育人模式；通过校内校外联动，形成全过程就业导向的教学氛围，探索商科特色人才就业路径；通过政校企联合，打造就业网络，保障就业。

❶ 岗课赛证研育人模式改革，打造就业核心能力

如图105所示，专业根据新商科发展特色，构建岗课赛证研综合育人体系，利用课程研习、竞赛研创、证书研学、岗位研业四个环节，加强学生各项能力，促进人才岗位能力的螺旋式提升。

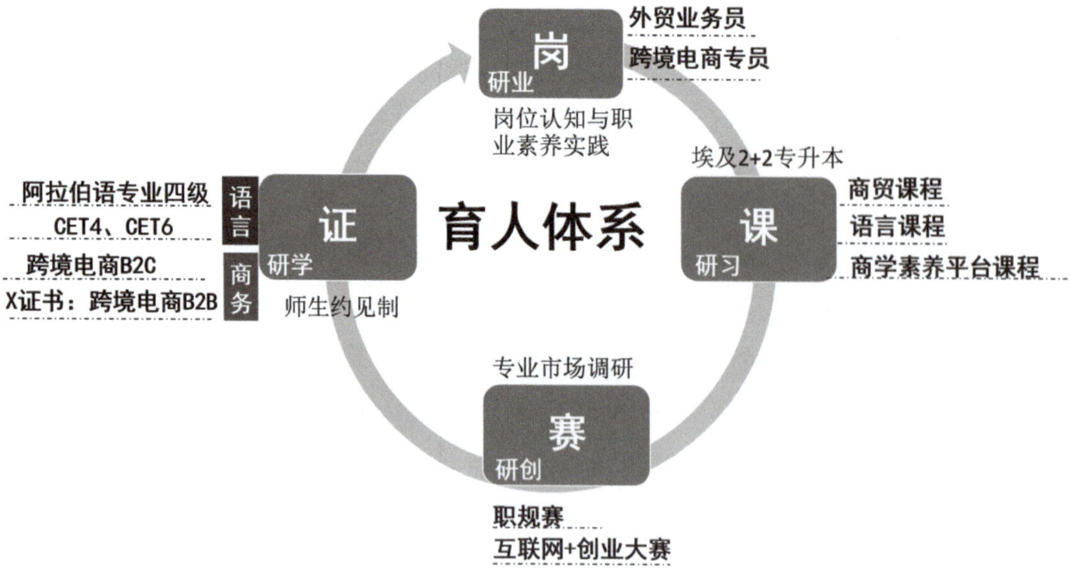

图 105　金华职业技术大学应用阿拉伯语专业岗课赛证综合育人体系示意图

a. 一能双翼，明确人才培养目标，提高学生就业竞争力

连续三年，专业调研了义乌小商品贸易产业链对阿拉伯语人才的需求，并持续跟踪了毕业生的就业和创业情况。通过分析行业发展特点和趋势，预测市场对人才需求的变化，并据此设定了短期、中期和长期目标。以传统贸易为基础商务活动，同时将跨境电商贸易视为未来发展的重点。在人才培养上，强调对商务办公能力和项目管理能力等职业发展技能的培养。

专业精准定位于区域小商品外贸企业对人才的需求，以岗位需求为导向，明确专业目标岗位为小微外贸企业的外贸业务员。进一步将业务员岗位的能力要求细分为三个核心领域：传统外贸业务的基础能力、跨境电商的发展能力以及商务翻译能力。利用新商科专业群的优势，构建了一个如图 106 所示的以商务能力为核心的专业课程体系。在这个体系中，商务教学与语言学习紧密结合，以培养商务能力为首要目标，以语言能力和跨文化交际能力为支撑，打造毕业生的就业核心竞争力。

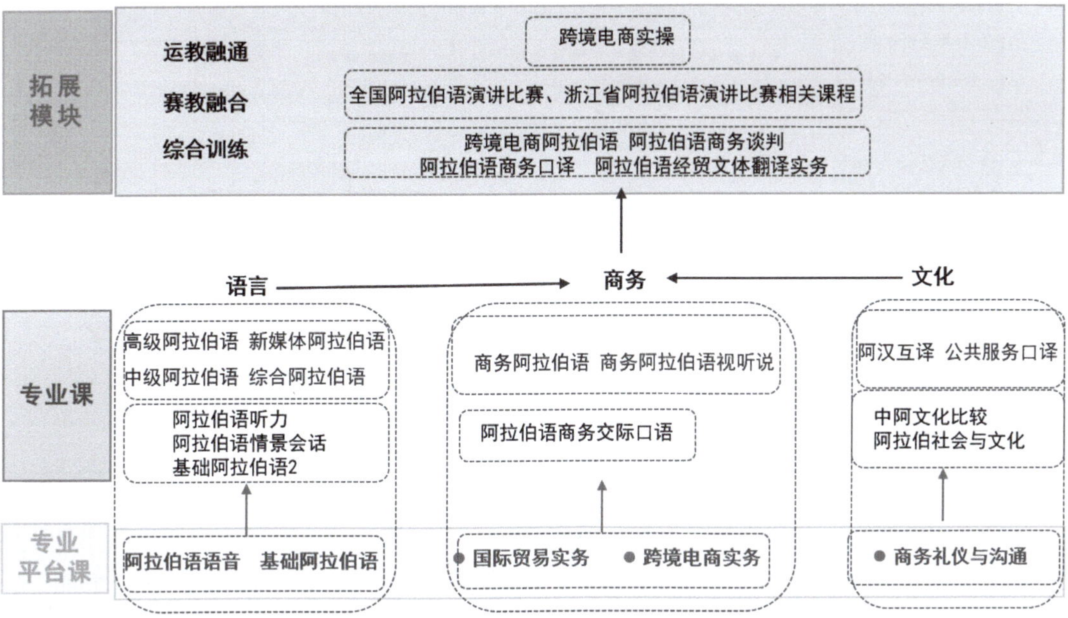

图 106　金华职业技术大学应用阿拉伯语专业“一能双翼”课程体系示意图

b. 一二三课堂共促，持续加强就业意识教育，塑造主动就业能力

专业开设“专业导论”课程，由学院领导、专业主任、行业专家、优秀校友共同组成教学团队，让学生对未来职业有初步了解。不断深化语言课程教学改革，将其与商务实践紧密结合。课程内容涵盖了传统外贸、跨境电商、商务谈判等多个领域，并且持续更新，以反映行业的最新发展趋势。专业明确了行业发展要求，并将其与学生个人能力培养目标相结合，鼓励学生积极适应行业需求。

专业课程以“擅言通商，开拓守度”为教学宗旨，进行课程思政改革。专业致力于加强学生在外贸相关岗位的职业素养，确保学生在第一课堂中不仅能够提升就业能力，还能培养良好的职业素养。专业以第二课堂活动为载体，开展行业专家讲座、优秀校友讲座，普及行业发展动态与外贸企业人才能力需求。组建阿拉伯文化社团，依托社团开展企业游活动，社团定期开展校友访谈、企业调研，了解行业发展前沿资讯，拓展第三课堂。

如图 107 所示，专业通过一二三课堂，递进式构建以就业为导向的发展通道，引导学生积极了解行业资讯，有意识地提升自己的就业能力，思考外贸行业发展需求与趋势，提升就业自信心。

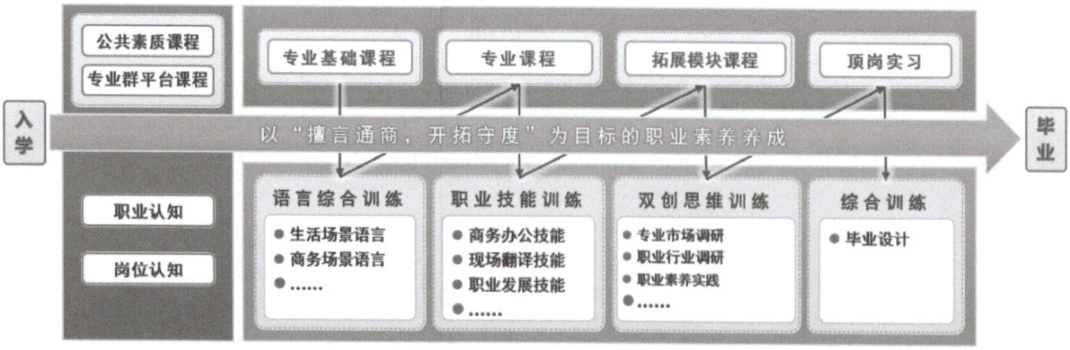

图 107　金华职业技术大学应用阿拉伯语专业职业素养养成综合体系图

c. 以赛促创，加强双创培养，打造创业能力

如图 108 所示，专业选修课开放竞赛模块，实施以赛代课，鼓励学生通过参加专业口语竞赛、创业、职规相关比赛，以赛促学、以赛促创，利用竞赛课堂提高学生三创能力，促使学生深入了解外贸行业、跨境电商领域的最新动态，提升创业意识和能力。

图 108　金华职业技术大学应用阿拉伯语专业学生参加电子商务三创挑战赛

d. 以证提能，提升专业发展能力，拓宽就业通道

如图 109 所示，专业通过证书赋能学生商务能力，引进跨境电商 B2C、跨境电商 B2B 等技能证书考试，以及短视频制作、直播等相关职业资格证书鉴定，提升就业竞争力和职业发展能力。

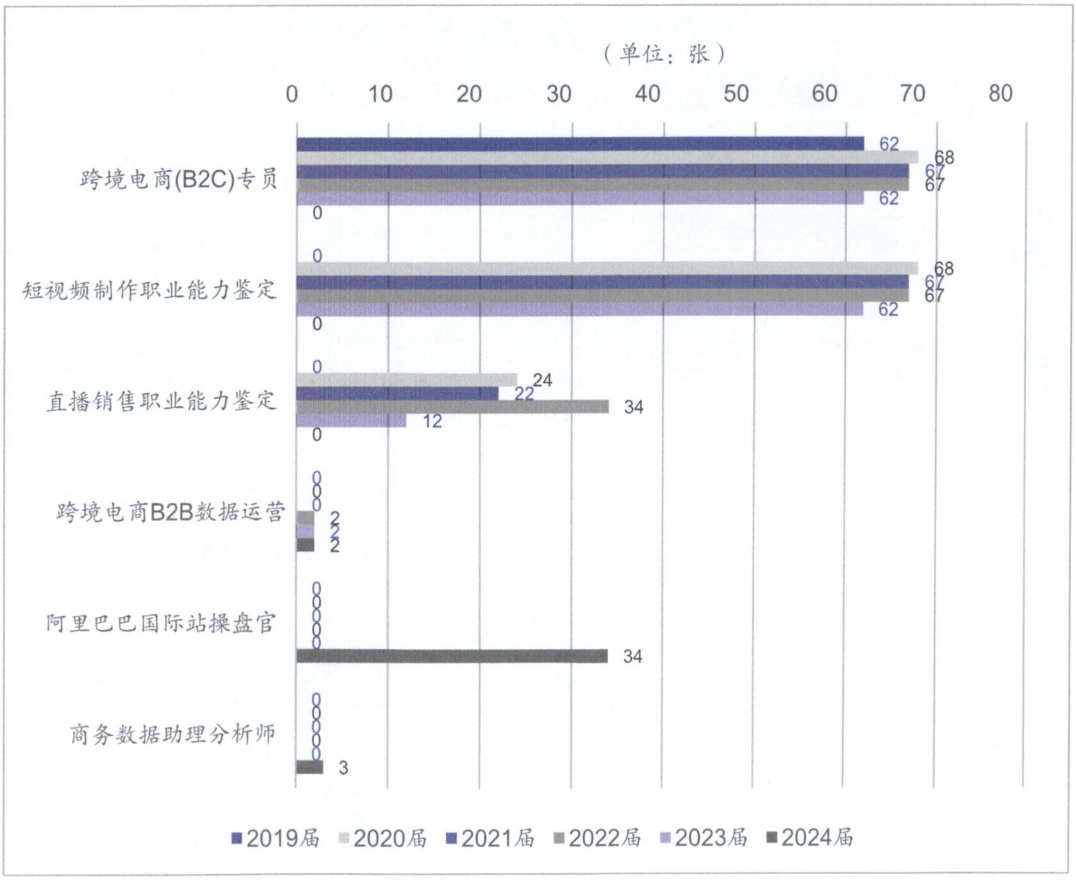

图 109　金华职业技术大学应用阿拉伯语专业 2019～2024 届学生职业技能证书获取情况统计图

❷ 思政育人，贯穿职业素养教育，明确职场认知

a. 课程思政改革，推动职业情怀教育

如图 110 和 111 所示，专业明确了“专业群—专业—课程”三层课程思政目标，建立了课程思政网络，构建起全过程育人生态。专业群课程思政以“铭商义、遵商道、精商术、闯商路”为目标，突出行业基础素养；专业课课程思政以“擅言通商，开拓守度”为目标，加强岗位能力，强化行业职业素养意识，课程聚焦业务流程，通过思政浸润全过程加强职业认知教育。

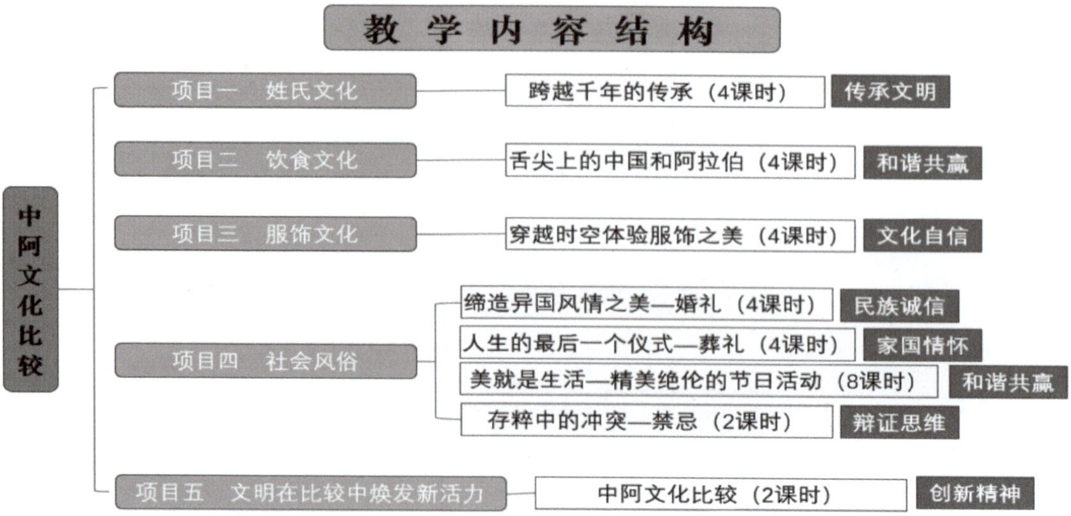

图 110　金华职业技术大学应用阿拉伯语专业专业主干课课程思政元素融入示意图 1

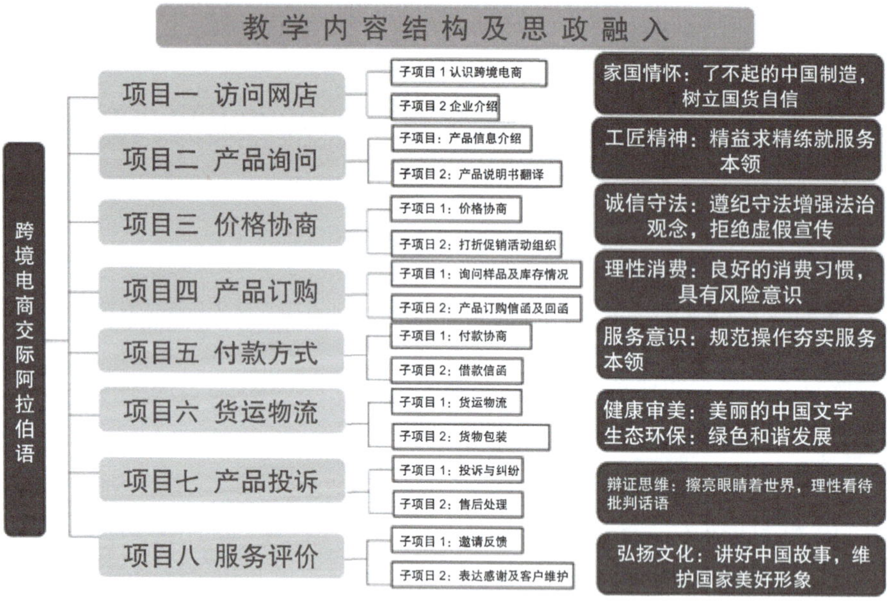

图 111　金华职业技术大学应用阿拉伯语专业主干课课程思政元素融入示意图 2

b. 贯穿劳动教育，体验职场乐趣

如图 112 所示，专业会在假期组织学生调研市场、岗位等，还会访谈历届优秀学长，让学生感知行业榜样力量，体验劳动快乐，树立行业信心和就业目标。

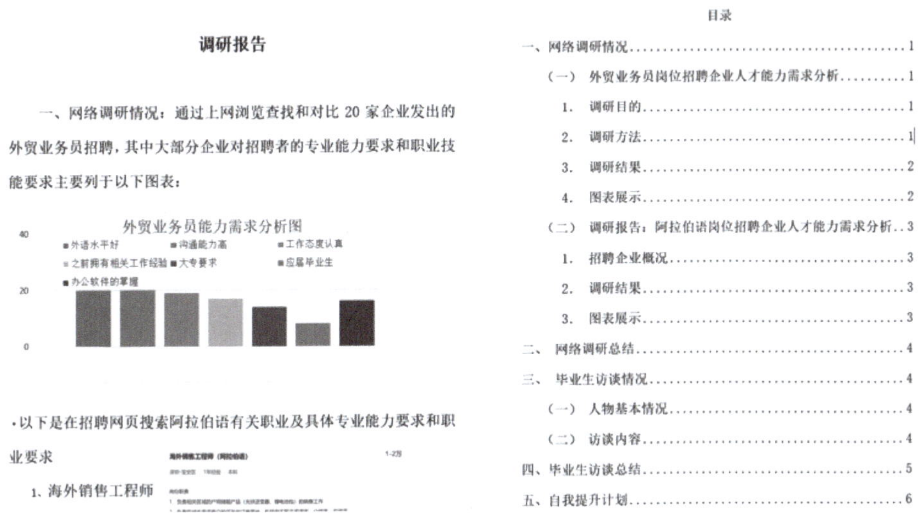
调研报告

一、网络调研情况：通过上网浏览查找和对比 20 家企业发出的外贸业务员招聘，其中大部分企业对招聘者的专业能力要求和职业技能要求主要列于以下图表：

外贸业务员能力需求分析图

40
20
0

■外语水平好 ■沟通能力高 ■工作态度认真
■之前拥有相关工作经验 ■大专要求 ■应届毕业生
■办公软件的掌握

·以下是在招聘网页搜索阿拉伯语有关职业及具体专业能力要求和职业要求

1、海外销售工程师

目录

图 112　金华职业技术大学应用阿拉伯语专业学生实践调研报告

❸ 政校企联动，多渠道拓宽就业通道

a. 访企拓岗、引企入校、直播拓岗，构建就业服务政校企联动机制

如图 113 所示，专业依托学校“书记校长走企业”机制，开展学院领导访问企业拓展合作平台、专业主任访问企业了解行业需求、专业教师入企顶岗，主动推动课堂适应行业变化，开展全员拓岗。每年，学院领导走访企业拓岗不少于 4 次，专业主任调研不少于 10 次，专业教师顶岗不少于 30 天，通过企业走访不断探索校企合作新内容。

图 113　金华职业技术大学应用阿拉伯语专业主任访企拓岗

此外，专业每年与各级政府管理部门、行业协会、区域人才网等合作开展不少于 4 次

的线下专场招聘会及不定期的线上招聘会，引进区域有影响力的企业，提高就业质量。

如图 114 所示，学校打造“校院领导+专业带头人+辅导员+班主任”的主播队伍，开展“直播带岗”“直播带生”活动，毕业生在直播间通过教师推荐单位、自己匹配岗位、企业开展面试，实现在电脑前轻松一点，即可跨越地域和时间迅速找到工作。

图 114　金华职业技术大学商学院院长直播带岗

b. 梦想实习生机制鼓励提前就业，三级就业帮扶解决就业难点

自 2017 年起，专业与菜鸟产业园联合发起梦想实习生项目。每年 7 月集中招募预计次年毕业的学生提前到园区外贸、跨境电商相关企业轮岗实习，提高适岗能力，满足企业需求的学生可以提前转正锁定就业岗位。

第六学期顶岗实习实行双导师制度。校内导师把控学生就业方向，给出职业规划、业务实施、劳动权益保障等方面的建议；企业导师指导学生技能实践。双导师通过线上沟通、线下走访等形式，共同帮助学生提升就业技能。

建立班主任、专业主任、学工办负责人三级就业帮扶机制，班主任定期报告班级就业困难学生情况，由专业主任和学工就业负责人共同研判困难等级和应对措施，寻找学生就业优势，向企业推荐就业，助力学生找到适合自己能力、兴趣的岗位，解决就业困难群体问题。

c. 打造升学就业双路径，丰富就业选择

通过鼓励校内学生参加 3+2 专升本考试、埃及 2+2 国际专本衔接项目，专业每年成功

升学的学生人数占专业毕业生总数的 70% 左右。学校与埃及坦塔大学合作，为学生开辟出国升学通道。2019 年至今，专业共有 21 名学生通过国际升学升入本科院校或攻读硕士学位，先后有 5 人入职国内有影响力的大公司，实现高端就业。

（2）成效与特色

金职应用阿拉伯语专业整体就业情况喜人。2019—2023 年，应用阿拉伯语专业共培养毕业生 285 名，初次就业率年均超过 98%。如表 9 所示，金职应用阿拉伯语专业 2022 届毕业生毕业一年后整体就业情况良好。

表 9　金华职业技术大学应用阿拉伯语专业 2022 届毕业生毕业一年后跟踪调查情况统计表

毕业一年后就业率	专业相关度	总体满意度	平均薪酬
95.52%	93.25%	99.57%	6166.67 元

如图 115 所示，应用阿拉伯语专业毕业生毕业一年后仍对母校教学有较高满意度。

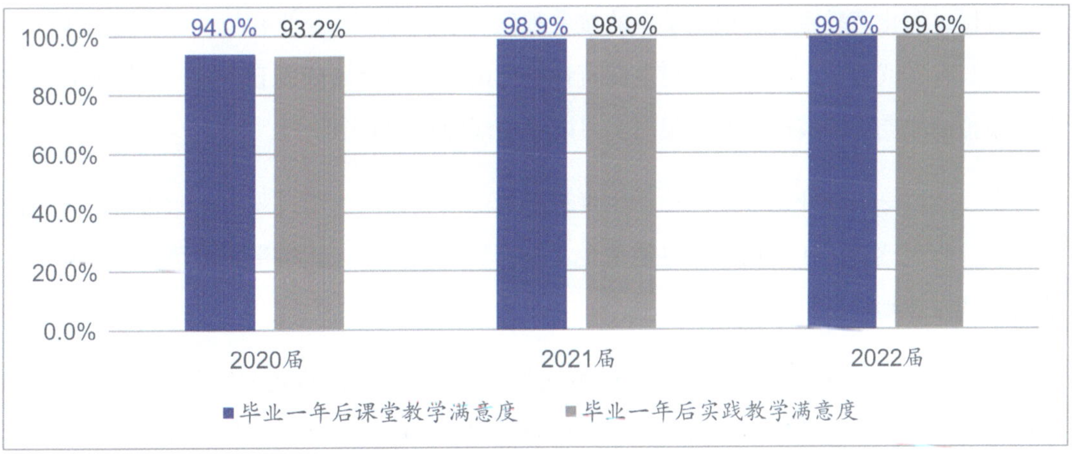

图 115　金华职业技术大学应用阿拉伯语专业 2020 ～ 2022 届毕业生毕业一年后跟踪调查情况统计图

9. 应用泰语专业（广西国际商务职业技术学院）[13]

广西国际商务职业技术学院是一所国家公办全日制高等职业院校，以培养适应现代商务需要的国际化应用人才为宗旨，是广西商务行业经理人才的摇篮。2023 年，学校入选广西新一轮高水平高职学校和专业建设单位，荣获教育部高职高专人才培养工作水平评估优秀等级、全国毕业生就业典型经验高校，以及首批全国青年创业示范园区、全国外经贸

13　本部分供稿人为刘杰英、朱倩倩。

职业教育先进集体。

学校以人才培养为中心，围绕立德树人根本任务，大力践行“三色”（职业底色、创业本色、国际特色）商科人才培养理念，不断推进“四信”（信仰、信念、信心、信用）价值观培养，以五维质量保证体系（教师发展五“特”、专业建设五“力”、学生成长五“到”、课程建设五“度”、学校发展五“重”）为保障，着力构建“五级进阶”（职业认知期、虚拟商战期、实战操练期、跟岗实习期、顶岗锤炼期）实践教学体系，培养适应现代商务需要的“知商明礼、精商善行、崇商厚德”的高素质国际化商务人才。

（1）专业建设改革实践策略

为有效提升专业人才培养水平，应用泰语专业构建起了“五位一体，五阶递进”的人才培养模式。以跨境电商语言服务为导向，借助应用泰语专业优势，开设校企行融合的泰语跨境电商课程。“五位一体”即坚持将桂商文化“铸魂”、第二课堂“出彩”、民族风俗“立根”、创新创业“谋新”、国际交流“创特”融入人才培养过程。“五级进阶”即坚持校企合作，深化产教融合，根据学生的接受程度、学习规律、企业参与度、社会需求等多方因素，将实践教学，特别是跨境电商直播方向的培养过程划分成五个阶段，即职业认知期、虚拟商战期、实战操练期、跟岗实习期和顶岗锤炼期五个阶段。

第一阶段——职业认知期。让学生走进跨境电商直播间，通过观察和听讲解，了解岗位职责，直观感受工作现场。通过邀请企业嘉宾到学校讲座，让学生了解跨境电商直播行业现状和发展趋势。

第二阶段——虚拟商战期。将“模拟式教学”提升为“体验式教学”，通过校园模拟招聘和轮岗，为学生营造一个商咖小镇，把直播间和招聘现场搬进课堂。教师通过对全过程的观察和评价，不断调整教学计划和教学方法，让学生尽快掌握基本的职业技能。

第三阶段——实战操练期。学生到企业实习，实际参与各个环节，企业教师在直播平台上观察学生表现。同时，安排线下指导，层层推进，通过任务驱动的教学模式，在真实的工作场景中给予学生最真实的反馈。鼓励学生参加跨境电商操作比赛，通过真实的比赛，提高学生的学习兴趣和主动性，培养团队精神，同时培养学生的实操能力和岗位意识。

第四阶段——跟岗实习期。在巩固前三个阶段学习成果的基础上，在这一阶段，校企将合作开设相关方向提高课程，培养学生在实战中独立解决问题的能力和团队合作能力，让学生能够掌握作为一名跨境电商从业者的基本工作技能。

第五阶段——顶岗锤炼期。顺利通过前面四个阶段考核，成绩优秀的学生，可推荐进入知名跨境电商企业实习，并酌情担任项目主管，甚至作为储备干部人选培养。

（2）促进毕业生高质量就业的工作模式

为实现毕业生高质量就业，应用泰语专业构建了“123456”就业工作模式，精准施策，稳量，提质。

“1个目标”即明确毕业生初步去向落实率高于全校总目标。

“2个联动”即党政班子双联动，合力做好就业指导、就业服务、就业跟踪、就业调研等工作。

“3全共促”即全员、全过程、全方位促就业。成立毕业生就业工作领导小组和重点毕业生群体帮扶工作小组，由党总支书记、院长担任组长，各专业负责人（带头人）、就业干事、就业指导老师、毕业班辅导员为小组成员，明确工作职责，全面、精准开展各项就业工作。

“4化共管”即各项就业工作管理全面化、系统化、规范化和常态化。专业利用就业网站、微信群、微信公众号、QQ群、电话等建立起了有效的沟通网，多种渠道发布招聘信息及各阶段的工作通知，做好就业推荐、咨询指导、跟踪服务、宣传教育等工作，建立毕业生就业信息台账和帮扶台账，统计分析就业数据，落实“一生一档、一生一策”，做到精准施策，个性化帮扶。

“5方协作”即就业指导老师、辅导员、家长、用人单位、学生5方协作，通过电话、QQ、微信等方式，立足学生实际，坚持灵活多元、务实高效的原则，为学生提供更好的就业指导与服务。

“6管齐下”即通过6种方式，全力提高就业质量。第一，校企双方在产教融合、人才培养、办学模式、管理共育、资源共享等方面合作，共同提高人才培养质量。第二，在校园内举办企业宣讲会、企业大讲堂，为学生搭建高质量的国内、国外实习和就业平台。通过宣讲交流，让学生更清晰地认识到市场需求、行业现状和发展趋势，明确就业方向。第三，举办各类讲座，提升学生综合素质。比如，为提升学生的安全防范意识，学院与南宁市公安局广西—东盟经济技术开发区（南宁华侨投资区）分局共同开展“谨记网络安全、筑牢法治防线”之国家安全主题宣传教育活动。为进一步加强就业期间学生的心理健康教育，培育学生热爱生命、积极向上的健康心态，邀请心理咨询师到学校开展以人际交往、求职为主题的系列讲座，帮助学生了解心理健康常识，掌握心理调适方法，学会合理规划工作、生活和学习。第四，不定期组织召开就业工作培训会、推进会，解读就业政策文件，认真推动全体就业指导老师和辅导员开展就业咨询指导、就业推荐、就业跟踪、就业核查等工作，做到精准施策。辅导员和班主任不定期在班级宣传大学生应征入伍、到基层就业、专升本等政策，鼓励毕业生专升本、应征入伍、到基层就业、到西部就业。第五，精准服务，增强人文关怀。各班辅导员、就业指导教师密切关注求职学生的心理变化，注意沟通话术，及时为求职受挫的毕业生进行心理疏导，引导学生找到自己的闪光点，给予学生情感支持、信息支持与行动支持，提高学生的心理承受能力，以良好的心态求职应聘。第六，制订激励机制，用各种方式激励就业指导教师更积极主动地做好就业指导工作。

（3）就业效果

应用泰语专业毕业生分布在国内外。其中国内就业学生集中在珠三角、长三角以及南宁，国外就业学生集中在泰国曼谷及周边地区。毕业生主要服务于批发和零售业、软件和信息技术服务业、租赁和商务服务业、住宿和餐饮业、教育行业等。随着跨境电商的兴起，也有毕业生在深圳、广州、南宁从事跨境电商运营、新媒体运营、跨境电商助理专员和直播运营专员等工作。

就业率方面，如图 116 所示，近 5 年来，应用泰语专业就业率一直较高。

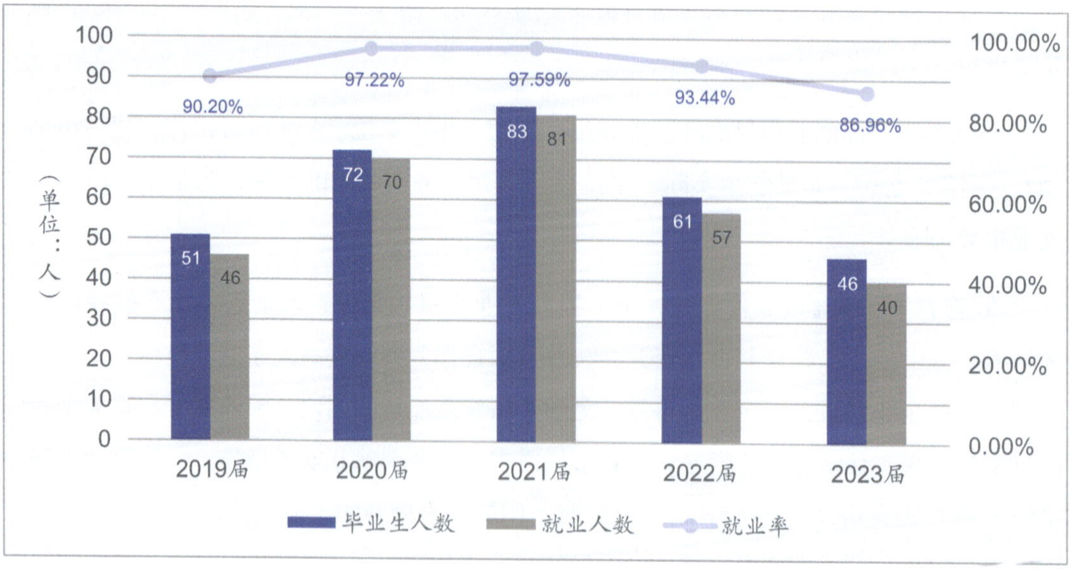

图 116　广西国际商务职业技术学院应用泰语专业 2019 ～ 2023 届毕业生就业率统计图

（注：数据源于《广西国际商务职业技术学院 2019 ～ 2023 届毕业生就业质量年度报告》，下同。）

如图 117 所示，应用泰语专业毕业生大部分进入了民营或个体企业。

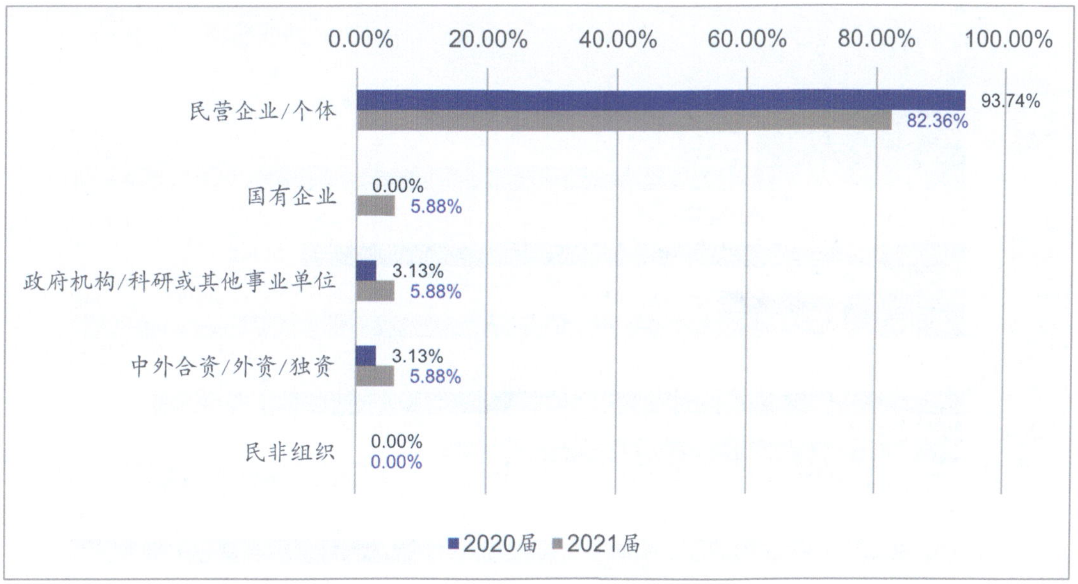

图 117　广西国际商务职业技术学院应用泰语专业 2020 届和 2021 届毕业生就业单位性质统计图

如图 118 所示，应用泰语专业毕业生大部分服务于 300 人以下规模单位，其中入职 50 人以下规模单位的人数最多。

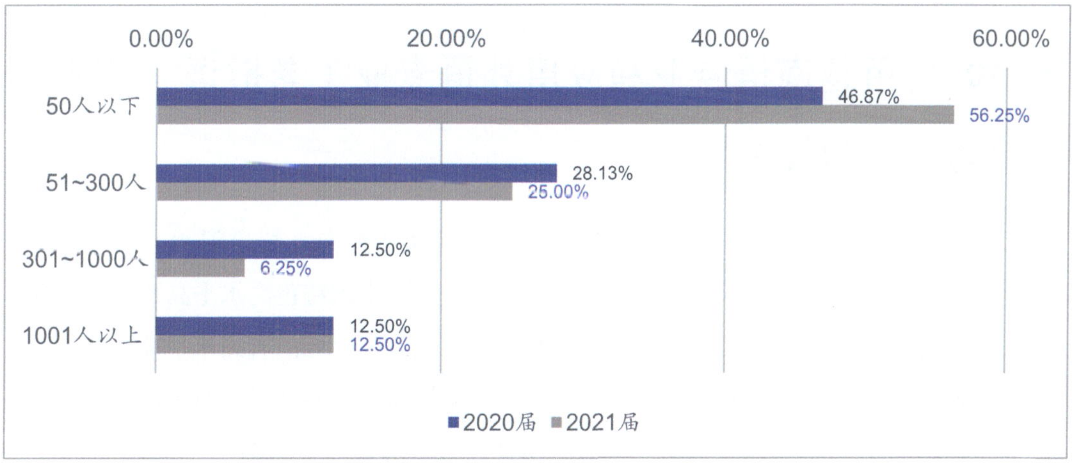

图 118　广西国际商务职业技术学院应用泰语专业 2020 届和 2021 届毕业生就业单位规模统计图

如图 119 所示，近 4 年来，应用泰语专业毕业生就业满意度、对母校教学的满意度都令人满意。

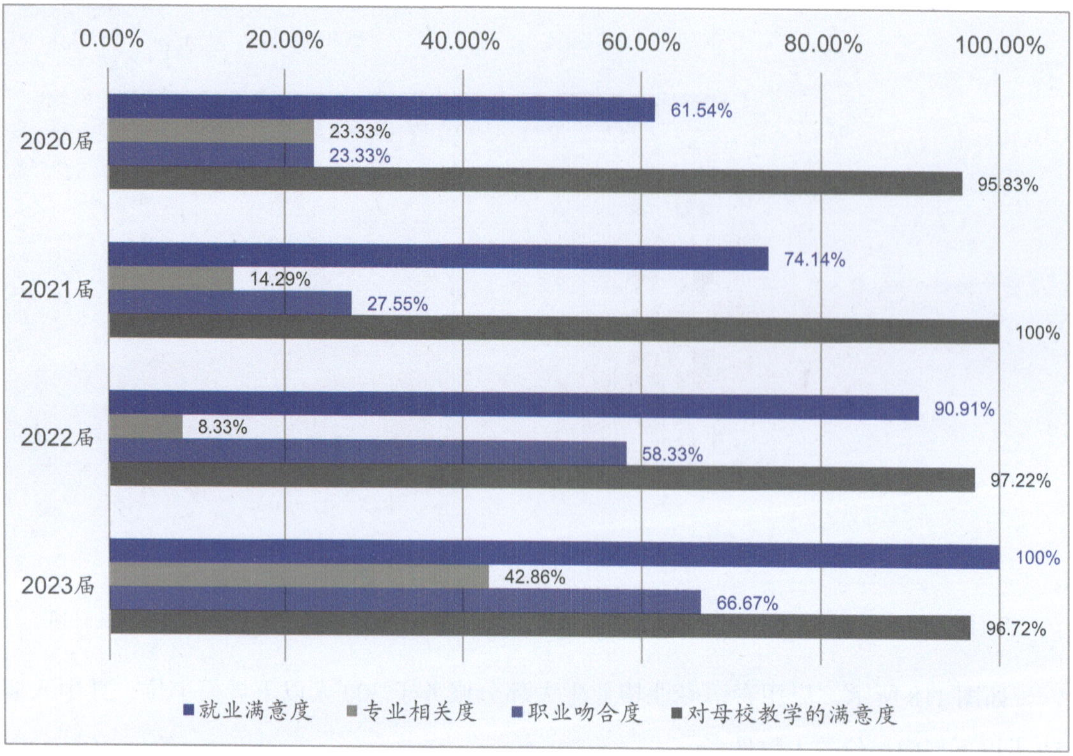

图 119　广西国际商务职业技术学院应用泰语专业 2020 ～ 2023 届毕业生就业情况统计图

▶ 10. 应用越南语专业和应用外语专业（老挝语）（昆明冶金高等专科学校）[14]

昆明冶金高等专科学校始建于 1952 年，是一所历史悠久、特色鲜明，以工为主，工、管、文、商、艺并举的全日制公办高等职业学校，是中国特色高水平高职学校建设单位、国家示范性高等职业院校、全国优质专科高等职业院校、云南省高水平高职院校建设项目院校、云南省优质高职院校建设单位。学校积极落实习近平总书记对云南发展“三个定位”的指示，积极对接国家战略、区域战略及云南“两型三化”现代产业体系，把全面建成“云南离不开、业内都认可、国际能交流”的职业院校作为目标，为“一带一路”倡议贡献力量。

外语学院（东盟国际学院）作为学校下设的综合语言学院，更是集多语种、多专业、公共英语及海外留学生汉语培训为一体。学院有应用英语、应用越南语、应用外语（老挝

14　本部分供稿人为王艳、陈颖、张玉婷。

语方向）、应用泰语4个专业。应用越南语开办于2007年，应用外语（老挝语方向）开办于2010年，是云南省开设非通用语专业较早和较多的高职院校之一。

目前，4个专业已建成底层共享、中层分离、高层互选的专业群课程体系。专业群借助云南区位优势，围绕区域经济发展需求，致力于打造“外语+专业”“外语+技能”的特色专业群。

各专业教学质量也得到了社会高度认可。应用泰语、应用越南语专业分别进入金平果2023高职专业竞争力排行榜第二、第三名和金平果2024高职专业竞争力排行榜第一、第二名。

（1）应用越南语专业

❶ 促进毕业生高质量就业的措施

a. 制订并不断实践“越南语+技能”人才培养方案

制订人才培养方案时，专业以“德技并修、注重实践”为原则，强调理论课程、实践模块、岗位能力同时进行的“三线并行”教学理念，将能力培养这一主线贯穿于教学全程。围绕“越南语+技能”，设置了越南语语音、综合越南语、越南语视听说、越南语阅读、汉越互译、越南语写作、经贸越南语、旅游越南语、国际贸易实务、国际商务制单等课程。专业不断完善实践体系，目前设有专业认知实习、注重在工作情景中实践越南语及相关专业技能的专题实训及校外岗位实习等项目。除学校统一的思政课程外，还在专业课教学中融入思想政治和职业道德教育，帮助学生提高职业适应性和职业素养。

专业注重加强校外实习实训基地建设。目前已与多家旅行社、酒店、教育培训机构、贸易公司、翻译服务公司等相关行业公司合作建立了实习实训基地，让学生可以在实践中完成语言能力和职业能力的融合。此外，还不定期聘请企业专家到校教授相关理论、实践课程，从而提升学生就业竞争力。

国际合作方面，专业在越南海防大学建立了非通用语境外教学实习基地并获评省级示范实训基地。目前，已累计有290名学生赴境外实习。海外实习极大地提升学生的就业竞争力。

b. 探索产教融合的现代学徒制校企协同育人模式

专业于2022年与承担国家“一带一路”和“走出去”重点开发项目的中农国际钾盐开

发有限公司联合申报了省级现代学徒制人才培养项目并获立项。校企双方合作，在明确目标岗位要求的前提下，完善并实践现代学徒制人才培养标准、培养方案。

c. 产学研结合，加强教学资源建设

专业注重教学资源建设，针对职业教育特点和“外语+技能”培养目标，编写了《中越贸易实务》《旅游越南语实务》两本教材，教材内容注重越南语与技能的结合，并配套了相关数字资源，后期会不断加强线上课程建设。

专业还加强与省内高校、企业的交流合作。2024 年 4 月，加入云南省高校非通用语人才培养教育联盟；2024 年 8 月，加入中越职业教育共同体。

d. 与行业协会合作，加强课证融通

2023 年，由云南省职业培训鉴定协会、云南民族大学澜湄国际职业学院联合发起了云南省东南亚非通用语职业能力考试。该考试是目前云南省内针对东南亚非通用语职业能力的唯一考试，具有一定的权威性和影响力。学校专业负责人被聘为云南省职业培训鉴定协会东南亚非通用语专业委员会委员，并作为专委会越南语组牵头人积极推广并组织学生参加考试。

e. 加强职业规划教育、就业指导服务

专业建立了“学校—学院—专业”三级联动的职业规划教育和就业指导服务体系，从不同维度为学生提供职业生涯规划、就业信息、面试技巧等方面的服务。

❷ 就业效果

a. 应用越南语专业在全国的排名

昆明冶金高等专科学校应用越南语专业目前已累计培养学生 640 余人，教学质量也得到了社会的高度认可。如图 120 所示，2024 年 5 月，金平果中评榜（GAR）第五次发布全国高职院校分专业竞争力排行榜，昆明冶金高等专科学校应用越南语专业排名全国第 2。

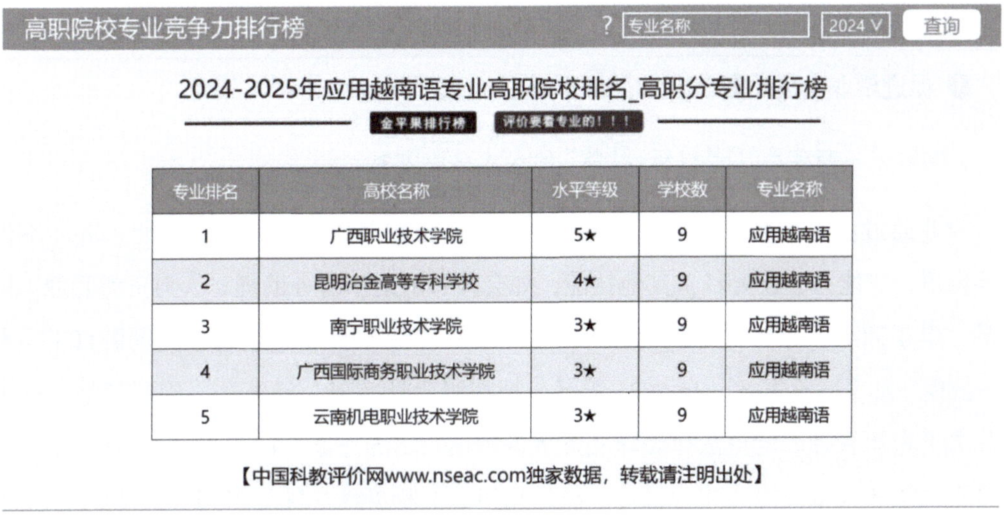

高职院校专业竞争力排行榜　? 专业名称　2024 V　查询

2024-2025年应用越南语专业高职院校排名_高职分专业排行榜

金平果排行榜　评价要看专业的！！！

专业排名	高校名称	水平等级	学校数	专业名称
1	广西职业技术学院	5★	9	应用越南语
2	昆明冶金高等专科学校	4★	9	应用越南语
3	南宁职业技术学院	3★	9	应用越南语
4	广西国际商务职业技术学院	3★	9	应用越南语
5	云南机电职业技术学院	3★	9	应用越南语

【中国科教评价网www.nseac.com独家数据，转载请注明出处】

图 120　2024—2025 年应用越南语专业高职院校排名图

（注：内容源自 http://www.nseac.com/html/226/690753.html）

b. 专业就业率

除升学外，应用越南语专业毕业生主要服务贸易、旅游、教育，以及能源、矿产、制造业等领域的用人单位。如图 121 所示，应用越南语专业 2019 ～ 2023 届毕业生就业率均超过 90%，近三届毕业生的对口就业率更是逐年上升。

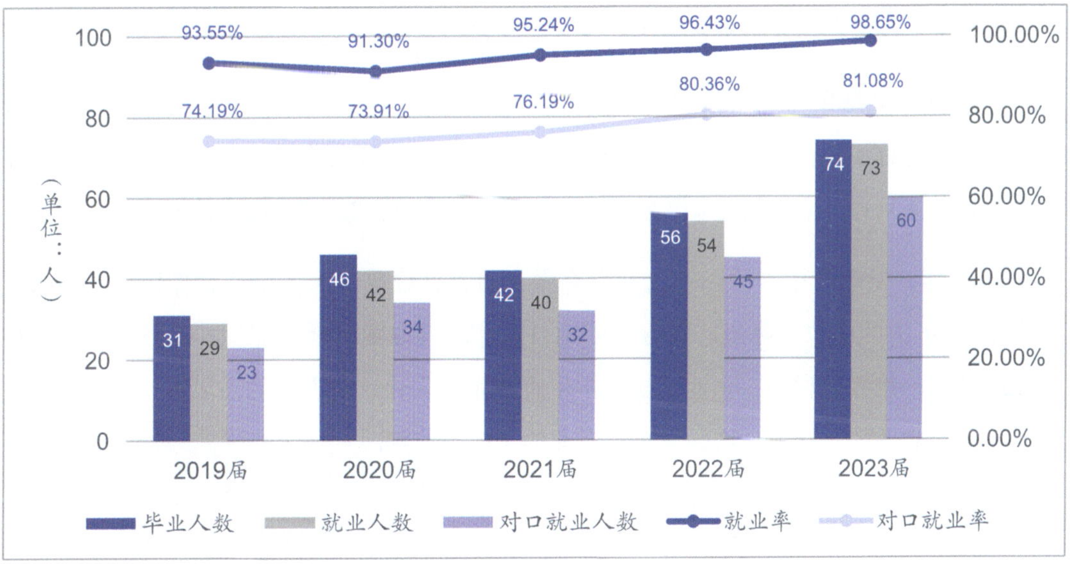

图 121　昆明冶金高等专科学校应用越南语专业 2019 ～ 2023 届毕业生就业情况统计图

【注：图表数据源自全国高校毕业生毕业去向登记系统（dj.ncss.cn）。图中“对口就业人数”根据全国高校毕业生毕业去向登记系统中“学生就业岗位与人才培养方案职业面向”匹配，包含专升本人数。】

（2）应用外语（老挝语方向）专业

❶ 促进毕业生高质量就业的措施

a. 制订并不断实践“老挝语+技能”的人才培养方案

专业通过扎实的调研，特别是对在老中资企业的调研，了解到企业要求人才不仅具有老挝语语言能力，还要具备其他技能，如会计、出纳、财务助理、人力资源管理、国际贸易、电子商务、办公室行政管理等。基于此，专业和行业企业专家共同制订了“老挝语+技能”人才培养方案。自 2021 级起，把初级会计实务、经济法、国际贸易、商务英语、人力资源管理、老挝法律翻译实务等课程纳入培养方案，以培养“老挝语+技能”的复合型高素质技术技能人才为目标。经过几年的不断实践，目前 2021 届、2022 届毕业生中均有被聘用到会计、出纳、人力资源等岗位就业的学生。为凸显学生个性化发展，2024 届学生的人才培养方案更是提供四个方向，即会计、电商、国际贸易和旅游，学生可以根据自己的职业规划、爱好及特长选修。

b. 开展“专业+老挝语”人才培养创新实践

专业还为学校其他专业开设老挝语选修课。目前已为物流工程、跨境电商、会计等 8 个专业开设选修课，不断在教学实践中探索“专业+老挝语”的人才培养模式。

c. 探索产教融合、校企协同育人的现代学徒制、订单班人才培养模式

2022 年，老挝语专业申报省级现代学徒制项目并获得立项。专业与中农国际钾盐开发有限公司签订了现代学徒制人才培养协议，校企共同制订人才培养方案，资源共享，互利互惠，共同培育“老挝语+术语翻译 / 人力资源管理 / 行政管理”技术技能人才。

2023 年，专业与中农国际钾盐开发有限公司签订订单班人才培养合作协议，招收了一个共计 36 人的中农国际班。双方共同制订人才培养方案、设置课程、配备师资等。如图 122 所示，培养过程中，企业到校为学生宣讲企业文化、对人才的需求等，指导学生更好地找到与企业的对接口，增强学生对企业的了解与信赖。

图 122　中农国际钾盐开发有限公司相关人员到校开展企业与订单班见面会

d. 赋能增效，发挥专业优势，提升社会服务能力

除完成专业人才培养外，专业教学团队还认真贯彻“一带一路”倡议，服务中资企业“走出去”战略，为中资企业培养了大量“非通用语+技能”的国际化人才，完成多次社会培训服务，扩大了学校的社会影响力。

2020 年 7 月 1 日至 2021 年 6 月 30 日，专业为中国铁路昆明局集团有限公司 180 名“双骨干”员工开展了为期 11 个月的老挝语培训，取得了超出预期的培训效果，得到中国铁路昆明局集团有限公司的高度认可。如图 123 所示，在总结表彰大会上，我校三名教师被授予“中老铁路‘双骨干’培养老挝语培训优秀导师”称号。

图 123　中国铁路昆明局集团有限公司“双骨干”培训总结表彰大会

2022 年和 2023 年，专业还为中农国际钾盐开发有限公司共计 198 名新员工提供了 2

期老挝语培训。培训期间，学校与企业共同制订教学目标、设置课程、安排师资，培训效果显著，得到企业高度认可。

e. 抓住就业工作三个关键词：提前布局、主动出击、趁热打铁

“提前布局”方面，专业给大一新生树立起“先就业后择业”的理念，通过职业生涯规划课程进行自我职业分析，找到适合自己的就业方向。大二时，专业及时掌握每个学生的就业意向，针对不同需求开展不同的培训。

“主动出击”方面，专业一方面主动联系企业，为学生提供更多就业信息，另一方面提前帮助学生准备面试。专业在学生和企业间主动作为，确保企业招到高水平人才，学生能够高质量就业。

“趁热打铁”方面，一般来说，企业发布招聘信息后，时效性非常重要，岗位一旦空缺，企业希望能够尽快招到合适的员工。专业及时抓住机遇，利用好时间差，为企业提供所需人才，为学生提供优质就业信息。

❷ 就业效果

近几年来，应用外语（老挝语方向）专业就业工作成效显著，如图 124 所示，近四届毕业生均 100% 就业。

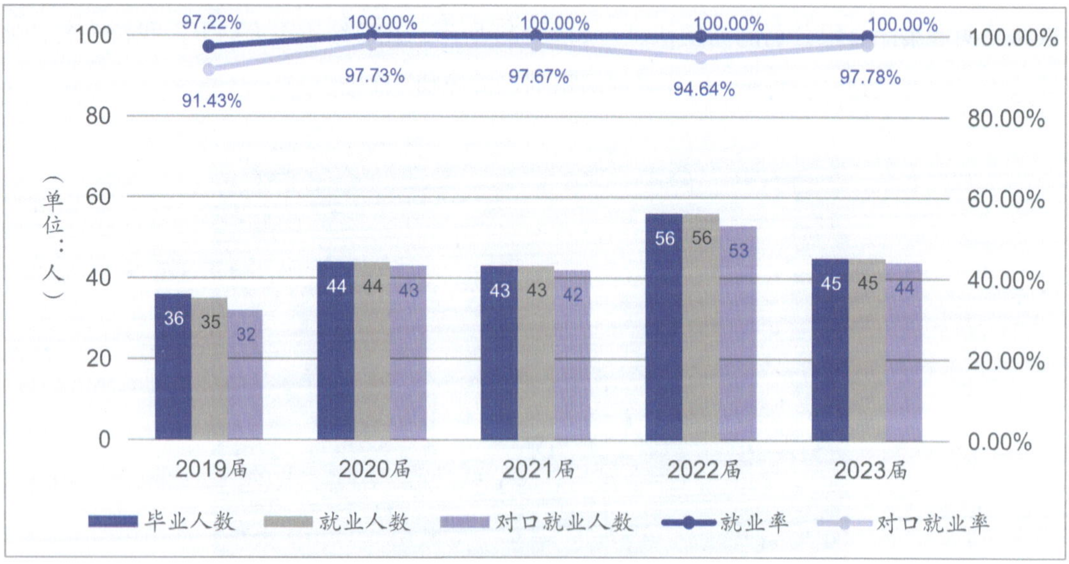

图 124　昆明冶金高等专科学校应用外语（老挝语方向）专业 2019 ～ 2023 届毕业生就业情况统计图

（注：图中“对口就业人数”根据全国高校毕业生毕业去向登记系统中“学生就业岗位与人才培养方案职业面向”匹配，包含专升本人数。）

为实现毕业生高质量就业，专业致力于巩固与合作企业的联系，如表 10 所示，专业通过与相关用人单位的合作，一定程度上保证了毕业生的就业率和对口就业率。

表 10 应用外语（老挝语方向）专业近几届毕业生在校企合作企业就业情况统计表

合作公司	合作年度	毕业生年度	就业人数
中国铁路昆明局集团有限公司、中老铁路集团公司	2020 年	2020 届毕业生	10 人
中农国际钾盐开发有限公司	2020 年至今	2020 届、2021 届、2022 届、2023 届、2024 届	18 人
老挝开元矿业有限公司	2012 年至今	2012 届、2023 届、2024 届	23 人
老挝力度矿业有限公司	2024 年	2024 届、2025 届	7 人
老挝联益有限公司	2024 年	2024 届、2025 届	5 人
云南亚彬（老挝）投资有限公司	2024 年	2025 届	2 人
老挝第一钢铁有限公司	2024 年	2019 届、2020 届、2021 届、2022 届、2023 届、2024 届	10 人
云南胜威化工有限公司	2024 年	2025 届	2 人

三、总结

通过对高职外语类专业人才培养成果和人才培养特色典型案例的分析，可以看到高职“外语+”人才培养模式在推动毕业生高质量就业方面所起到的促进作用。

1. 外语类专业教学标准体系建设成效显著

2015 版专业目录及专业简介的颁布，促成了多语种专业的建设和发展，也为制订 2021 版职业教育外语类专业一体化专业目录、简介、专业教学标准提供了坚实的基础。2021 版专业目录中，中职部分新增阿拉伯语、泰语；职业本科部分新增英语、日语、韩语、俄语、泰语、西班牙语。2016 年和 2018 年，旅游英语、应用西班牙语顶岗实习标准出台。2018 年启动、2021 年完成的多语种专业教学标准为规范和提高外语类专业人才培养起到了重要的指导作用。教学标准目前指导着全国职业院校 32 个语种近 1700 个专业点的建设实践，为高职“外语+”多语种人才培养质量的提升奠定了坚实的基础。

2. 地缘“三融”成效显著

各地开设外语类专业的高职院校以推动“职普融通”为关键，以深化“产教融合”为重点，以促进“科教融汇”为方向，加快构建“三融”的现代职业教育体系。外语类专业标准或课程标准的制订、多语种教材的出版、多语种专业“双师型”教师占比的提升、外语教师主持省部级及以上课题、专著与核心期刊论文的发表、在国际性学术会议与论坛做主旨报告，以及提交决策咨询专报的数量和质量的大幅提升等，所有这些都将高职“外语+”多语种人才培养提升到了新的高度。

3.“外语+”人才培养模式辐射广泛

产教融合框架下的“外语+”人才培养模式起到了良好的示范作用，为国际贸易、跨境电子商务、旅游会展等行业培养了一大批复合型高素质技术技能人才，尤其是以西班牙语、泰语、越南语、阿拉伯语等为代表的非通用语种专业，人才培养质量大幅上升。毕业生高质量就业于语言服务等岗位群，特别是随着非通用语种专业人才培养规模和质量的提升，经由“外语+”人才培养模式培养出来的毕业生就业面更广，就业质量更高。

4.“外语+”人才培养模式服务国家战略的功能逐渐增强

随着高职院校“外语+”人才培养模式的日渐成熟，其服务国家战略的功能也逐渐增强。开设外语专业的高职院校在创新“外语+”人才培养模式的基础上，为中国出海企业员工提供外语培训服务；为国际会议、国际比赛提供高质量的多语种服务；在服务“一带一路”、讲好中国故事上展现新担当，实现新作为。与此同时，相关院校通过深化教育合作的形式，以外语为教学语言，为“一带一路”沿线国家和地区培养高素质职业人才，也促进了当地的高质量就业。

5.“外语+”人才培养模式应加强前瞻性和战略性

培养“外语+”人才需要时间和过程，高职院校在新设外语专业时，应具备一定的前瞻性和战略性，把培养“外语+”人才同国家重大战略需求和地区发展相结合，以构筑全面、均衡发展的高质量“外语+”人才培养体系。

总之，“外语+”人才培养要服务国家发展战略，围绕市场需求和供给侧变化，从单一的外语教育升华为提供全面外语服务，将外语教育作为提升国家软实力的重要手段之一。

附录

附录一　名词解释

以下名词按拼音字母顺序排列。

B

毕业半年后：即毕业第二年的 1 月以后。麦可思在此时展开跟踪评价，收集数据。此时毕业生的就业状况趋于稳定，有工作经历的毕业生也能够评估工作对自己知识、能力的要求情况。

毕业半年后月收入：指大学生毕业半年后实际每月工作收入的平均值。

毕业三年后：麦可思于 2021 年对 2018 届大学毕业生进行的三年后再跟踪评价（曾于 2019 年初对这批大学毕业生进行过半年后跟踪评价），通过对同一批毕业生的跨期对比，了解其中期的职业发展情况。

毕业时掌握的基本工作能力水平：用于定义正在工作的大学毕业生刚毕业时对 35 项基本工作能力实际掌握的情况，从低到高分为 1 级到 7 级。1 级代表该能力的最低水平，取值为 1/7；7 级代表该能力的最高水平，取值为 1。

C

创新创业教育：指毕业生在校期间参加过的创新创业教育。包括“创业辅导活动”“创业教学课程”“创业竞赛活动”“创业实践活动”和“其他”，一个毕业生可以选择参加多类教育。

创新创业教育有效性：毕业生选择了参加某类创新创业教育后，会再评价该类教育对其工作或学习是否有帮助。创新创业教育有效性 = 参加过该类教育并表示有帮助的人数 / 参加过该类教育的总人数。

创新能力：35 项基本工作能力中与创新能力相关的若干项能力，包括科学分析、逻辑思维、积极学习、设计思维四项能力。

创业教育影响：由毕业生评价母校创业教育对自身创业必备能力、开展创业活动所需基本知识、创业基本素养的影响程度，分为“非常有帮助”“有帮助”“有一点儿帮助”和“没有帮助”。

从事兼职工作：每周平均工作 20 到 31 小时。

从事全职工作：每周平均工作 32 小时或更多。

G

工作岗位要求的工作能力水平：用于定义正在工作的大学毕业生所理解的工作对 35 项基本工作能力的要求级别，从低到高分为 1 级到 7 级。1 级代表该能力的最低水平，取值为 1/7；7 级代表该能力的最高水平，取值为 1。

工作与专业相关度：毕业生是知识的使用者，他们能够判断自己的工作是否用到了所学的专业知识，因此问卷题目由毕业生回答自己从事的全职工作是否与所学专业相关。工作与专业相关度计算公式的分子是从事与专业相关的全职工作的毕业生人数，分母是从事全职工作（包括与专业相关及无关）的毕业生总人数。

雇主数：指毕业生从第一份工作到三年后的跟踪评价时点，一共为多少个雇主工作过。雇主数越多，则工作转换越频繁。雇主数反映了毕业生工作的稳定程度。

H

行业：指用人单位的主要产品和服务。如，毕业生在一个门户网站公司做文员，其用人单位所在行业是“互联网运营与网络搜索引擎业”；毕业生在一家百货公司维护电脑系统，其用人单位所在行业是“百货零售业”。

J

基本工作能力：指大学毕业生的 35 项基本工作能力。不同职业要求的基本工作能力不同。麦可思参考美国 SCANS 标准，对基本工作能力进行划分，不仅包括毕业生从事相应工作所需要的专业技术能力，同时也包括毕业生更换工作时所需要的通识能力。

基本工作能力满足度：指毕业生毕业时掌握的基本工作能力满足社会初始岗位工作要求的百分比。100% 为完全满足。满足度计算公式的分子是毕业时掌握的基本工作能力，分母是工作要求。

基本工作能力重要度：用于定义正在工作的大学毕业生所理解的35项基本工作能力在其岗位工作中的重要程度，分为“无法评估”“不重要”“有些重要”“重要”“非常重要”“极其重要”6个层次，数据处理时把重要性处理为百分比，0代表“不重要”，25%代表“有些重要”，50%代表“重要”，75%代表“非常重要”，100%代表“极其重要”。

教学满意度：由毕业生回答对母校的教学满意度，选项有“很满意”“满意”“不满意”“很不满意”“无法评估”5项。其中，“满意”“很满意”属于满意范围，“不满意”“很不满意”属于不满意范围。教学满意度是回答在满意范围的人数百分比，计算公式的分子是回答在满意范围的人数，分母是回答在不满意和满意范围的总人数。

就业率：指已就业人数占毕业生总人数的比例。其中已就业人群分为“从事全职工作”“从事兼职工作”“自主创业”“自由职业”“入伍”“读本科”6类。

就业满意度：就业的毕业生对自己的现状满意度打分，是毕业生的主观判断，代表毕业生对就业的满意程度。

具体技能分类：麦可思参考美国SCANS标准，将35项基本工作能力分为5类，分别是理解与交流能力、科学思维能力、管理能力、应用分析能力和动手能力。

K

课程满足度：回答了课程“有些重要”到“极其重要”的毕业生会被要求回答课程训练是否满足工作要求。满足度指标是回答某课程能满足工作要求的人数百分比。计算公式的分子是回答“满足”的人数，分母是回答“满足”和“不满足”的总人数。

课程重要度：由从事与专业相关工作的毕业生判定在校所学课程在自己的工作中是否重要。重要度评价分为“无法评估”“不重要”“有些重要”“重要”“非常重要”“极其重要”，其中“有些重要”“重要”“非常重要”“极其重要”属于重要的范围。

L

离职率：从毕业时到毕业当年的12月31日，工作过的毕业生中有过离职经历的人数百分比。

S

素养提升：由毕业生选择学校帮助自己明显提升了哪些方面的素养。一个毕业生可选择多项，也可选择“没有任何帮助”。

T

通识教育：包括“社会科学类（如政治学、语言学、民族学、社会学等）”“人文科学类（如伦理学）”“自然科学类（如数学、天文学、农业科学等）”“工程技术类（如建筑工程、环境绿化工程、机器人等）”“公共艺术类（如艺术导论、音乐鉴赏、戏曲鉴赏等）”“综合素质类（如人际关系与沟通、经济与人生、职业素质等）”6个大类。

X

校友满意度：由毕业生回答对母校的总体满意度，选项有“很满意”“满意”“不满意”“很不满意”“无法评估”5项。其中，“满意”“很满意”属于满意范围，“不满意”“很不满意”属于不满意范围。对母校的总体满意度是回答在满意范围的人数百分比，计算公式的分子是回答在满意范围的人数，分母是回答在不满意和满意范围的总人数。

校友推荐度：指在同等分数、同类型学校的条件下，毕业生愿意推荐母校给亲朋好友就读的比例。推荐度计算公式的分子是回答“愿意推荐”的人数，分母是回答“愿意推荐”“不愿意推荐”“不确定”的总人数。

Y

月收入：指工资、奖金、业绩提成、现金福利补贴等所有的月度现金收入。

月收入涨幅：（毕业三年后的月收入－毕业半年后的月收入）/毕业半年后的月收入。

Z

职位晋升：由已经工作的毕业生回答是否获得职位晋升以及获得晋升的次数。职位晋升是指享有比前一个职位更多的职权并承担更多的责任，由毕业生自主判断。

职业：指从业者的主要工作。如，毕业生在一个门户网站公司做文员，其职业应选“文员”；毕业生在一家百货公司维护电脑系统，其职业应选“计算机技术支持人员”。

职业吻合度：毕业生中认为自己目前的工作与职业期待相吻合的人数百分比。职业吻合度反映了现在的就业质量和职业匹配度。

附录二　高等职业教育英语类、日语、俄语和西班牙语专业（专科）2017—2020 年招生情况[15]

序号	专业名称（专业代码）	2017 年		2018 年		2019 年		2020 年	
		专业点数	招生人数	专业点数	招生人数	专业点数	招生人数	专业点数	招生人数
1	商务英语（670202）	588	44058	553	46946	531	52947	495	47937
2	应用英语（670203）	294	17062	276	17656	270	21589	262	20314
3	旅游英语（670204）	158	4805	136	5390	132	5515	115	4415
4	英语教育（670106K）	216	19698	205	18880	201	21860	190	23307
5	商务日语（670205）	106	4432	96	4822	98	5827	95	5923
6	应用日语（670206）	74	2650	65	2988	63	3460	61	3650
7	旅游日语（670207）	21	699	20	670	19	754	16	830
8	应用俄语（670209）	50	1132	49	1325	38	1322	48	1195
9	应用西班牙语（670212）	29	1586	31	1638	33	1632	36	1211

15　依据 2015 版专科专业目录。

附录三　高等职业教育英语类、日语、俄语和西班牙语专业（专科）简介

内容详见《普通高等学校高等职业教育（专科）专业目录及专业简介（2015年）》（中央广播电视大学出版社，2016年5月，ISBN 978-7-304-07671-9）。

附录四　高等职业学校旅游英语专业顶岗实习标准（2016 年）

内容详见中华人民共和国教育部网站（http://www.moe.gov.cn）职业教育国家教学标准体系—标准内容—职业学校专业（类）岗位实习标准。

附录五　高等职业学校应用西班牙语专业顶岗实习标准（2018 年）

内容详见中华人民共和国教育部网站（http://www.moe.gov.cn）职业教育国家教学标准体系—标准内容—职业学校专业（类）岗位实习标准。

附录六　国家和教育部职业教育领域相关文件（2019—2023 年）

1. 综合性文件

1. 2019-01-24：国务院关于印发国家职业教育改革实施方案的通知：https://www.gov.cn/gongbao/content/2019/content_5368517.htm
2. 2019-02-23：中共中央办公厅、国务院办公厅印发《加快推进教育现代化实施方案（2018—2022 年）》：https://www.gov.cn/zhengce/2019-02/23/content_5367988.htm?isappinstalled=0
3. 2019-04-02：教育部关于印发《职业教育改革成效明显的省（区、市）激励措施实施办法》的通知：https://www.gov.cn/xinwen/2019-04/15/content_5382887.htm
4. 2019-05-13：教育部等六部门关于印发《高职扩招专项工作实施方案》的通知：https://www.gov.cn/fuwu/2019-05/16/content_5392061.htm
5. 2019-05-15：教育部办公厅关于全面推进现代学徒制工作的通知：https://www.gov.cn/zhengce/zhengceku/2019-10/21/content_5442940.htm
6. 2019-05-24：国务院办公厅关于印发职业技能提升行动方案（2019—2021 年）的通知：https://www.gov.cn/zhengce/content/2019-05/24/content_5394415.htm
7. 2019-06-11：教育部关于职业院校专业人才培养方案制订与实施工作的指导意见：https://www.gov.cn/zhengce/zhengceku/2019-10/23/content_5444025.htm
8. 2019-10-23：教育部办公厅等十四部门关于印发《职业院校全面开展职业培训 促进就业创业行动计划》的通知：https://www.gov.cn/xinwen/2019-11/19/content_5453367.htm
9. 2019-12-25：教育部办公厅关于做好扩招后高职教育教学管理工作的指导意见：http://www.moe.gov.cn/srcsite/A07/moe_737/s3876_qt/201912/t20191227_413753.html
10. 2020-09-23：教育部等九部门关于印发《职业教育提质培优行动计划（2020—2023 年）》的通知：https://www.gov.cn/zhengce/zhengceku/2020-09/29/content_5548106.htm

11. 2020-12-23：教育部、财政部关于印发《中国特色高水平高职学校和专业建设计划绩效管理暂行办法》的通知：https://www.gov.cn/zhengce/zhengceku/2020-12/25/content_5573186.htm

12. 2021-10-12：中共中央办公厅、国务院办公厅印发《关于推动现代职业教育高质量发展的意见》：https://www.gov.cn/zhengce/2021-10/12/content_5642120.htm

13. 2021-11-09：关于印发《现代职业教育质量提升计划资金管理办法》的通知：https://www.gov.cn/zhengce/zhengceku/2021-12/02/content_5655403.htm

14. 2022-01-17：教育部等八部门关于印发《职业学校学生实习管理规定》的通知：http://www.moe.gov.cn/srcsite/A07/moe_737/s3876_qt/202201/t20220121_595529.html?eqid=bbf47ac50004ae0a000000046497f7a8

15. 2022-10-07：中共中央办公厅 国务院办公厅印发《关于加强新时代高技能人才队伍建设的意见》：https://www.gov.cn/zhengce/2022-10/07/content_5716030.htm

16. 2022-11-04：教育部办公厅等五部门关于实施职业教育现场工程师专项培养计划的通知：https://www.gov.cn/zhengce/zhengceku/2022-11/05/content_5724757.htm

17. 2022-11-16：教育部等五部门关于印发《职业学校办学条件达标工程实施方案》的通知：http://www.moe.gov.cn/srcsite/A07/s7055/202211/t20221116_993393.html

18. 2022-11-28：八部委联合发布关于推进乡村工匠培育工作的指导意见：http://www.moa.gov.cn/xw/shipin/202212/t20221208_6416794.htm

19. 2022-12-21：中共中央办公厅 国务院办公厅印发《关于深化现代职业教育体系建设改革的意见》：https://www.gov.cn/zhengce/202212/content_6720769.htm

20. 2023-01-06：人力资源和社会保障部关于印发加强和改进新时代中国特色企业新型学徒制工作方案的通知：https://www.tech.net.cn/hyphone/newsshow.html?column=101&id=98901

21. 2023-07-14：教育部办公厅关于加快推进现代职业教育体系建设改革重点任务的通知：https://www.gov.cn/zhengce/zhengceku/202307/content_6892671.htm

2. 课程思政

22. 2019-11-12：中共中央、国务院印发《新时代爱国主义教育实施纲要》：https://www.gov.cn/zhengce/2019-11/12/content_5451352.htm

23. 2019-11-21：教育部办公厅关于加强和改进新时代中等职业学校德育工作的意见：http://www.moe.gov.cn/srcsite/A07/moe_950/201912/t20191203_410649.html

24. 2020-06-06：教育部关于印发《高等学校课程思政建设指导纲要》的通知：http://www.moe.gov.cn/srcsite/A08/s7056/202006/t20200603_462437.html

25. 2022-08-22：教育部等十部门关于印发《全面推进“大思政课”建设的工作方案》的通知：http://www.moe.gov.cn/srcsite/A13/moe_772/202208/t20220818_653672.html

26. 2023-01-11：教育部办公厅关于开展大中小学思政课一体化共同体建设的通知：http://www.moe.gov.cn/srcsite/A13/moe_772/202301/t20230109_1038750.html

27. 2023-03-30：教育部公布 2023 年度高校思想政治工作质量提升综合改革与精品建设项目入选名单：https://hudong.moe.gov.cn/srcsite/A12/s7060/202303/t20230330_1053534.html

28. 2023-06-21：教育部办公厅关于开展习近平新时代中国特色社会主义思想大学习领航计划主题教育活动的通知：https://baijiahao.baidu.com/s?id=1777507085641651082&wfr=spider&for=pc

29. 2023-08-11：五部门关于印发《用好红色资源 培育时代新人 红色旅游助推铸魂育人行动计划（2023—2025 年）》的通知：https://www.gov.cn/zhengce/zhengceku/202308/content_6897330.htm

3. 专业建设（包括教学标准、规划教材等）

30. 2019-04-01：教育部 财政部关于实施中国特色高水平高职学校和专业建设计划的意见：http://www.moe.gov.cn/srcsite/A07/s7055/202401/t20240123_1111639.html

31. 2019-04-10：教育部等四部门印发《关于在院校实施“学历证书+若干职业技能等级证书”制度试点方案》的通知：http://www.moe.gov.cn/srcsite/A07/moe_953/201904/t20190415_378129.html

32. 2019-04-17：教育部 财政部关于印发《中国特色高水平高职学校和专业建设计划项目遴选管理办法（试行）》的通知：http://www.moe.gov.cn/srcsite/A07/moe_737/s3876_qt/201904/t20190417_378489.html

33. 2019-04-19：教育部职业教育与成人教育司负责人就《关于在院校实施“学历证书+若干职业技能等级证书”制度试点方案》答记者问：http://www.moe.gov.cn/jyb_xwfb/s271/201904/t20190416_378207.html

34. 2019-11-14：教育部办公厅、国家发展改革委办公厅、财政部办公厅关于推进1+X证书制度试点工作的指导意见：http://www.moe.gov.cn/srcsite/A07/zcs_zhgg/201911/t20191118_408736.html

35. 2019-12-13：教育部、财政部关于公布中国特色高水平高职学校和专业建设计划建设单位名单的通知：http://www.moe.gov.cn/srcsite/A07/s7055/202401/t20240123_1111639.html

36. 2020-08-17：教育部办公厅关于做好职业教育专业目录修（制）订工作的通知：http://www.moe.gov.cn/srcsite/A07/moe_953/202008/t20200820_479137.html

37. 2020-12-14：教育部办公厅关于公布“十三五”职业教育国家规划教材书目的通知：http://www.moe.gov.cn/srcsite/A07/moe_953/202012/t20201217_506058.html

38. 2021-01-26：教育部办公厅关于印发《本科层次职业教育专业设置管理办法（试行）》的通知：http://www.moe.gov.cn/srcsite/A07/zcs_zhgg/202101/t20210129_511682.html

39. 2021-04-01：教育部办公厅关于印发高等职业教育专科英语、信息技术课程标准（2021年版）的通知：http://www.moe.gov.cn/srcsite/A07/moe_737/s3876_qt/202104/t20210409_525482.html

40. 2021-06-29：教育部办公厅关于公布《高等职业学校电子信息工程技术专业实训教学条件建设标准》等32项职业教育教学标准的通知：http://www.moe.gov.cn/srcsite/A07/moe_953/202107/t20210706_542723.html

41. 2021-12-07：教育部办公厅关于印发《“十四五”职业教育规划教材建设实施方案》的通知：http://www.moe.gov.cn/srcsite/A07/s7055/202112/t20211207_585534.html

42. 2022-09-07：关于发布新版《职业教育专业简介》的公告：http://www.moe.gov.cn/jyb_

xxgk/s5743/s5744/A07/202209/t20220907_659058.html

43. 2022-09-07：教育部职业教育与成人教育司负责人就新版《职业教育专业简介》答记者问：http://www.moe.gov.cn/jyb_xwfb/s271/202209/t20220907_659060.html

44. 2022-09-07：教育部发布新版《职业教育专业简介》——专业设置应需而变：http://www.moe.gov.cn/jyb_xwfb/gzdt_gzdt/s5987/202209/t20220907_659056.html

45. 2023-05-19：关于委托开展首批重点领域职业教育专业课程改革试点工作的函：http://www.moe.gov.cn/s78/A07/A07_sjhj/202305/t20230518_1060288.html

46. 2023-06-30：教育部办公厅关于公布首批“十四五”职业教育国家规划教材书目的通知：http://www.moe.gov.cn/srcsite/A07/moe_953/202306/t20230629_1066321.html

4. 师资队伍建设

47. 2019-10-17：教育部等四部门关于印发《深化新时代职业教育“双师型”教师队伍建设改革实施方案》的通知：http://www.moe.gov.cn/srcsite/A10/s7034/201910/t20191016_403867.html

48. 2021-08-04：教育部、财政部关于实施职业院校教师素质提高计划（2021—2025 年）的通知：http://www.moe.gov.cn/srcsite/A10/s7034/202108/t20210817_551814.html

49. 2022-05-05：教育部办公厅关于组织实施 2022 年“职教国培”示范项目的通知：http://www.moe.gov.cn/srcsite/A10/s7034/202205/t20220519_628580.html

50. 2022-05-17：教育部办公厅关于开展职业教育教师队伍能力提升行动的通知：http://www.moe.gov.cn/srcsite/A10/s7034/202205/t20220523_629603.html

51. 2022-09-30：教育部办公厅关于进一步做好“优师计划”师范生培养工作的通知：http://www.moe.gov.cn/srcsite/A10/s7011/202209/t20220930_666329.html

52. 2022-12-20：教育部办公厅关于公布国家级职业教育“双师型”教师培训基地（2023—2025 年）的通知：http://www.moe.gov.cn/srcsite/A10/s7034/202212/t20221220_1035227.html

53. 2023-02-14：教育部关于发布《教师数字素养》教育行业标准的通知：http://www.moe.gov.cn/srcsite/A16/s3342/202302/t20230214_1044634.html

54. 2023-07-27：教育部办公厅关于实施新时代职业学校名师（名匠）名校长培养计划的通知：http://www.moe.gov.cn/srcsite/A10/s7034/202307/t20230724_1070495.html

55. 2023-08-30：教育部等十部门联合印发《国家银龄教师行动计划》：http://www.moe.gov.cn/jyb_xwfb/gzdt_gzdt/s5987/202308/t20230829_1076680.html

5. 教育信息化

56. 2019-02-23：中共中央、国务院印发《中国教育现代化 2035》：http://www.moe.gov.cn/jyb_xwfb/s6052/moe_838/201902/t20190223_370857.html

57. 2020-06-16：教育部关于发布《职业院校数字校园规范》的通知：http://www.moe.gov.cn/srcsite/A07/zcs_zhgg/202007/t20200702_469886.html

58. 2022-11-03：五部门关于印发《虚拟现实与行业应用融合发展行动计划（2022—2026 年）》的通知：https://www.gov.cn/zhengce/zhengceku/2022-11/01/content_5723273.htm

59. 2023-02-16：教育部关于发布《数字教育资源基础分类代码》教育行业标准的通知：http://www.moe.gov.cn/srcsite/A16/s3342/202302/t20230214_1044628.html

60. 2023-06-08：关于进一步推进职业院校数字校园建设试点的通知：http://www.moe.gov.cn/srcsite/A07/zcs_zhgg/201501/t20150119_189492.html

6. 产教融合

61. 2019-03-28：国家发展改革委教育部关于印发《建设产教融合型企业实施办法（试行）》的通知：https://www.gov.cn/zhengce/zhengceku/2019-12/01/content_5435044.htm

62. 2019-10-09：国家发展改革委 教育部 工业和信息化部 财政部 人力资源和社会保障部 国务院国有资产监督管理委员会关于印发国家产教融合建设试点实施方案的通知：http://www.moe.gov.cn/jyb_xxgk/moe_1777/moe_1779/202007/t20200715_472855.html

63. 2022-11-04：教育部办公厅等五部门关于实施职业教育现场工程师专项培养计划的通知：https://www.gov.cn/zhengce/zhengceku/2022-11/05/content_5724757.htm

64. 2023-03-15：三部门印发关于开展第二批现代产业学院建设工作的通知：https://www.gov.cn/zhengce/zhengceku/2023-03/15/content_5746752.htm

65. 2023-04-23：教育部办公厅关于开展市域产教联合体建设的通知：https://www.gov.cn/zhengce/zhengceku/2023-04/22/content_5752652.htm

66. 2023-04-25：教育部高等教育司关于征集 2023 年产学合作协同育人项目的函：http://www.moe.gov.cn/s78/A08/tongzhi/202304/t20230424_1057019.html

67. 2023-06-15：国家发展改革委等 8 部门联合印发《职业教育产教融合赋能提升行动实施方案（2023—2025 年）》：https://www.ndrc.gov.cn/xxgk/jd/jd/202306/t20230613_1357514.html

68. 2023-07-18：教育部关于支持建设国家轨道交通装备行业产教融合共同体的通知：https://www.gov.cn/zhengce/zhengceku/202307/content_6892107.htm

69. 2023-07-31：教育部发布行业产教融合共同体建设指南：https://new.chinasme.org.cn/html/mcms/daohang/zhongxingailan/neishejigou/hyfzyfwb/rlzy/zhengceyujiedu/1704059864143769601.html

后记

“外语类专业高职毕业生社会需求与培养质量跟踪评价报告”是教育部职业院校外语类专业教学指导委员会（以下简称“外语教指委”）贯彻落实《国家中长期教育改革和发展规划纲要（2010—2020年）》，持续推进职业教育外语教学质量评价改革、提高人才培养质量的一项重要举措。2012—2019年，外语教指委已先后发布了5期《英语类高职高专毕业生社会需求与培养质量跟踪评价报告》(2013，2014，2015，2016，2017—2019)，皆由北京语言大学出版社出版。

《职业院校外语类专业高职毕业生社会需求与培养质量跟踪评价报告（2020—2023）》（以下简称“报告”）由北京联合大学常红梅教授统筹、策划并组织编写。参与“报告”第一部分、第二部分和第三部分编写并统稿的有北京青年政治学院老青、朴美玉和林毅，北京联合大学张颖和张有，以及麦可思数据有限公司（MyCOS）的郑伟、范蓓、刘九坤和王昕伦。“报告”第四部分由北京经济管理职业学院高新宁和刘素琴汇编。

“报告”的第三部分依据《普通高等学校高等职业教育（专科）专业目录（2015年）》，涵盖了商务英语、应用英语、旅游英语、英语教育、应用日语、应用俄语、应用西班牙语、应用阿拉伯语、应用泰语、应用越南语和应用外语（老挝语）等11个语种专业（含方向）的特色典型案例。为上述相关语种专业特色典型案例做出贡献的有绍兴职业技术学院的朱伟芳、于秀春和姚先锋，浙江工商职业技术学院的蒋轶阳、翁晓梅和钱律伟，河北对外经贸职业学院的周雪峰、李欣欣和单迎春，北京青年政治学院的肖毅、朴美玉、何明华，上海工商外国语职业学院的杨萍、张冬梅、秦冉阳和孟晶，江西外语外贸职业学院的钟青璇、莫骏超和杭晓燕，义乌工商职业技术学院的盛湘君、杨信和吴苏苹，金华职业技术学院的徐腾飞和余燕芳，广西国际商务职业技术学院的刘杰英和朱倩倩，昆明冶金高等专科学校的王艳、陈颖和张玉婷。

特别感谢为特色典型案例部分供稿的外语教指委委员和各专委会委员、相关语种专业的负责人和执笔人，特别感谢积极支持我们完成西班牙语、俄语和日语等语种专业毕业生问卷调查的外语教指委委员和各专委会委员、行业企业代表、职业院校外语类专业师生和同人们。与此同时，还要特别感谢北京联合大学外语部、北京语言大学出版社和麦可思数据有限公司（MyCOS）的合作团队。

由于受视角和数据局限及编写时间紧迫等因素影响，“报告”的疏漏与不足在所难免，不妥之处敬请批评指正。

教育部职业院校外语类专业教学指导委员会常务副主任兼秘书长　常红梅

2024 年 9 月